戦争を知らない人のための

# 靖国問題

上坂冬子



文春新書

498

戦争を知らない人のための 靖国問題◉目次

# 第一部　靖国神社は日本人にとってどんな存在だったか

## 靖国参拝是か非かの無意味

小泉首相が靖国神社の秋の例大祭の初日（二〇〇五年十月十七日）に参拝し、ポケットから小銭を取り出して賽銭《さいせん》箱に入れたのはよく知られている通りだ。

実はその一週間前にNHKで世論調査をしたところ、首相の靖国参拝を続けたほうがいいという人が四十三％、止めたほうがいいという人が四十五％だったという。

この世論調査を私はまともに受け入れる気になれない。

いまや、戦争を知らない世代が八十％を占める時代となった。

戦争も、戦時下の緊張も、靖国神社なるものが戦時下で果たした役割も、まったく知らない人が圧倒的多数を占めているときに、参拝を続けたほうがいいか、悪いかと問い掛けることにどれほどの意味があるというのか。

靖国神社に一度も参拝したことがなく、所在地さえ知らないという人が増えてきた昨今、近隣諸国の人々が小泉首相の靖国参拝に抗議していると聞けば、他人の嫌がることは避けたほうがいいという単純な日本的道徳律で「止めたほうがいい」と答える人は多いに決まっている。靖国問題を語る前に、靖国神社がかつて日本人にとってどのような存在であったかを十分に知らねば、心情的にも論理的にも話が嚙み合うはずがない。

靖国問題が国内外でこれほど話題になりながら、参拝は是か非かというだけで一向に核心に迫る論議として発展しないのは、かつて靖国神社が日本人にとってどんな存在であったかという肝心なポイントをはずしたまま、上滑りな雑談ばかりが進行しているせいである。

## 靖国で会おうといった時代

ここに一冊の写真文庫(岩波写真文庫一〇一『戦争と日本人　あるカメラマンの記録』)がある。私の年代だと、この表紙にはしばし無言のまま見入ってしまう。

ああ、あんな時代もあったなあと、たちどころに六十年ほどタイムスリップするのだ。

この写真は昭和十三年八月とあるから、日中戦争(支那事変)が勃発して一年ほどたったころのものだ。私は小学二年生である。南京陥落(昭和十二年十二月十三日)のニュースを聞いて小学生なりに提灯《ちょうちん》行列にも参加したし、遺骨が校門の前をお通りになると聞いて小学生一同整列してお出迎えしたものだ。自民党本部の前にある旧永田町小学校が私の母校だから(一九九三年廃校)、母校の前を通って国会の辺りを一周したであろう遺骨の

岩波写真文庫『戦争と日本人』

行列に頭を下げていたことになる。

あとで知ったのだが、遺骨の箱のなかには石コロ一つか、現地の土が一握り入っていただけというケースも多かったという。

日本は中国大陸を侵略したとか、満州を植民地支配してご迷惑をかけたと自虐《じぎゃく》的に省《かえり》みるのもいいが、日本の側にも沢山の戦没者が出た。満州事変、支那事変（日中戦争）、太平洋戦争だけで二百三十四万人といわれている。兵士が戦友の遺骨を一人で二体ずつ抱えているのは、こうしないと運びきれなかったからであろう。私たちは毎日のように〝無言の帰国〟をする兵たちを迎えていた。

戦争は、一方的に始められるものではない。それなりの趨勢《すうせい》がある。たとえば満州事変は一九三一（昭和六）年九月十八日に、奉天《ほうてん》（瀋陽《しんよう》）郊外の柳条湖《りゅうじょうこ》で日本側の工作によってはじまったが、その三カ月前に北満興安嶺《ほくまんこうあんれい》方面を密偵《みってい》中の中村震太郎大尉らが、中国側に問答無用で逮捕、射殺された。この中村大尉事件がきっかけで、柳条湖につながる趨勢を引きおこしたといわれている。

話を戻すが戦時中、戦死した兵士たちの霊はこぞって靖国神社に祀られる事になっていた（靖国神社は神道だから、遺骨はあずからない。霊のみである）。戦時中に天皇は現人神《あらひとがみ》（人間の姿をした神）とされていたから、国民は自分の命を国家と社会の為に捧げれば神、すなわち天皇に近い存在になれるとして名誉に感じたにちがいない。そんなァ、と呆れるのは六十年後のいまだからであり、当時はどこの家にも神棚があって、昭和天皇と皇后の写真（これを御真影《ごしんえい》と呼んだ）が欄間《らんま》にかかげてあった。少女時代の私は、例年の通り元旦の新聞に掲載されていた御真影をまたいで、

「神様をまたいだから、足が曲がる」

と両親からひどく叱られたのを思い出す。

戦地に赴《おもむ》く兵たちは、

「生きては帰りません。死んだら靖国で会いましょう」

といって家を出た。現に志願兵となった私の兄も、そういって日の丸の波に送られて行ったのを覚えている（兄は年齢的にも幼くて内地任務だったせいか戦後、無事に帰宅した）。いま考えると、そんな馬鹿なと思う人がおおいだろうが、戦時下ではこの単純さが国中を支えていたといっても過言ではない。

## 気運を盛り上げたマスコミ

マスコミも一丸となって、この単純さを盛り上げたものだ。ざっと拾い上げても次のような記事が目につく。

「愛国いろはかるた」の応募（昭和十八年五月五日締切）は二十六万句におよび、半数が〝少国民〟（筆者註・小学生）の投書だったと伝えたあと、

「い、伊勢の神風敵国降伏」

と紹介していた。また学徒出陣壮行大会の記事には大きな写真を添えて、

「この朝午前八時、出陣学徒東京帝大以下都下、神奈川、千葉、埼玉県下七十七校〇〇名（筆者註・当時は秘密事項として人数は公表しなかった）は執銃《しつじゅう》、帯剣《たいけん》、巻脚絆《まききゃはん》の武装も颯《さつ》爽《そう》と神宮外苑の落葉を踏んで……」

と前置きし、見送る後輩の言葉として、

「あゝ、多数の学徒が軈《やが》て一時に戦列に配せられて敵を撃つときの壮絶さを想《おも》ひ、たれか胸躍《おど》らざるものがありませうか」

と盛り上げた。これにこたえた出陣学徒の言葉として、

「生等もとより生還を期せず、在学学徒諸兄、亦《また》遠からずして生等に続き出陣の上は、屍《しかばね》を乗越え乗越え、邁往《まいおう》敢闘……斯《か》くの如きは皇国《こうこく》学徒の本願とするところ……」

と伝えている（昭和十八年十月二十一日　朝日新聞）。

国中がこのリズムにのって胸おどらせ、国民が国のために命を捨てれば、国家はその霊を神として靖国神社に祀《まつ》るというのが、いわば当時の国家と国民との約束事であり、遺族は血縁者が靖国に祀られることによって一つの命の終焉《しゅうえん》を納得した。私の知るかぎり、この約束事は無効になったから承知するようにと、国家から国民に向かって正式に宣言されたとは、こんにちまで聞いていていない。

戦時下で、新聞がどれほど国策に協力して国民を煽《あお》ったか。たとえば、靖国神社での再会を語った父親を励ました少年に、勲章をと讃《たた》えた記事もある。

**原文（昭和十二年十一月二十五日　朝日新聞）**

「此坊やこそ金鵄勲章《きんしくんしょう》　部隊長に父を頼む手紙

……愛児習一君（一二）から部隊長に宛てた手紙には戦場の父を激励する可憐な一文が次のやうに綴られてゐた（原文のまゝ）。

（中略）僕のお父さんは荒井友一といふものです、出征の前夜僕と乳兄弟を寄せて父は『戦争に行く、今度父さんの顔を見たくなったら東京の靖国神社に母さんに連れられて来い、父さんはきつとそこに祀られてゐるよ』といはれた（中略）。僕は今までいたづら者でしたが父さんの行つた後は五人兄弟の兄として老いたおぢいさまを大切に、心細い母様の手伝ひをして後には偉い人になる気で勉強してゐます、どうか部隊長が戦地のお父さんに家の事など心配せずお国のために働くやう訓示下さいませ（後略）」

昭和十二年に数え年十二歳といえば、昭和元年（大正十五年）生まれか。差し出し人の名前の下には「母様の心、僕の心」と書いて、二人の血判《けっぱん》が押してあったという。

つづく十二月五日（朝日新聞）には、

「『息子三人立派に死ぬ』―婆さん・悲しくはないぞと　涙を隠《かく》す軍国の老父」

というタイトルで、はるばる鹿児島から東京第一陸軍病院に入院中の三男の岩崎憲雄一等兵が、老父亀吉さん（六十四）、老母ぐいさん（六十四）に見取られて死去したと伝えていた。長男は漁業に従事していて溺死《できし》、次男は満州事変で戦死し、一家の〝大黒柱〟だった三男を失ったことになるが、老父はけなげにも、

「然しなあ、お前さん、私等はちつとも悲しくありません、貞蔵（筆者註・長男）は自分の仕事を尽して死に、後の二人も立派にお国の役に立つて死んでくれた、私等は村の衆に威張れる立派な男の子ばかり持つたと喜んで居ります」

と挨拶をして故郷に帰っていったとある。

死がこれほどまでに単純化されるのが、戦時体制なのだ。国家の為に命を捨てることに、まったく無抵抗にならなければ戦争などできるものではない。その意味で当時の日本は見事といえる体制を組んでいた。その頂点にあったのが、良くも悪くも靖国神社であり、良くも悪くも日本および日本人はそんな時代を通り抜けて今日にいたっている。日本人はそんなにバカだったのか、といわれればバカでしたといわざるをえない。たしかに知的とはいえないが、国をまとめるためにはこれしか方法がなかったのも事実であった。

戦火が激しくなるにつれて我が子もいずれという思いに沈み勝ちな親を奮い立たせ、立ち止まらせないために、この種の記事は絶え間なく報道せねばならなかったのである。

**原文（昭和十七年十一月二十一日　朝日新聞）**

「南方の文化戦列へ　ひとり子を捧ぐ〝闘ふ母〟烈々の手紙

……私は二十二年前夫を失ひ、女手一つで子供を育てあげて参りたゞひたすらに子供が邦家のお役に立つ日を待つて長い年月を送つて参りましたもので御座います、（中略）時に図《はか》らずも今度の話（筆者註・南方方面文化工作要員として召集）を愚息から聞きましたので一層の鞭撻《べんたつ》をいたし、子供を国に捧げる喜びにひたつて居ります（後略）。小田トラ」

この手紙を書いた母親トラさんは四十八歳、息子の正毅さんは二十六歳。息子が五歳のとき朝鮮銀行に勤める父親が亡くなり、母親は働きながら息子の成長のみを生き甲斐にしてきた。息子が東洋大学専門部文科を卒業して文学を志し、作家高見順氏方に身を寄せていたときに教育召集の知らせが届いた。母親は〝立派な兵士になれ〟と励ましたため、

〝息子は懊悩《おうのう》〟した結果、

「おつかさん《ママ》、兵隊になります、銃は持たないけれど（筆者註・文化工作要員）立派な兵隊になつて御奉公します」

と決断し、母親は、

「帰つて来ぬ気で、南の砂利になる気で行つてお出で……」

と送り出したという〝美談〟を、母と子の写真入りで紹介してある。ひとり息子を持つ親たちは、動揺せざるを得ない記事であったろう。

戦意高揚の記事は、テーマを変えて連日つづいていた。

---

**原文**（昭和十九年三月一日　朝日新聞）

「〝贅沢《ぜいたく》もの〟の抹殺《まつさつ》へ　狙ひはあすの戦力増強の糧《かて》

……もう飲めや歌へやの時ではない、一般の国民生活から、甚《はなは》しくかけ離れてゐた高級料理店といふものは、その名が料理店であらうが、飲食店であらうが、全部休業となるのは当然、こゝに言ふ高級とは（中略）、三味線を携《たずさ》へた芸妓《げいぎ》たちが出入りしてゐたところと思へばよい（中略）。

カフェー、バーなども女給のサービスをして来たものはもちろん全面的にこれを休業させ、産業戦士や勤労者を相手の大衆的なものだけは（中略）営業させることとなる（中略）。

すでに東京の歌舞伎座《かぶきざ》をはじめ有名な劇場十九の閉鎖《へいさ》が決定したが（中略）、元来戦ふ芸能としてその真価を発揮すべき芸能が（中略）、有閑人《ゆうかんじん》のみの慰安となってゐたことが間違つてゐたのである」

**原文（昭和十九年三月四日　朝日新聞）**

「傷痍《しょうい》乗越え〝増産〟三勇士に表彰状伝達式

傷痍（筆者註・戦争で負った傷）にも屈せず決戦下の職場で武勲を誇らず黙々と増産に挺身《ていしん》敢闘する職場の模範傷痍軍人を顕彰し銃後（筆者註・戦場にはいかず内地を守る側）の感謝と奮起を促《うなが》すため本社はさきに〝職場の傷痍軍人顕彰《けんしょう》会〟を社内に設け、軍事保護院、陸海軍省、情報局後援のもとに既報のごとく全国百十六名の職場の傷痍軍人を顕彰する旨発表（後略）」

これも表彰状を受けている傷痍軍人の写真入りで報じてあった。ここでいう本社とは、もちろん朝日新聞社のことである。男たちはこれを読んで、たとえ傷を負っても国のために全身全霊を捧げようと奮起したことであろう。

戦時体制とは、たとえばこういうものであったことを考えると、

「お国のために死んで、靖国で会おう」

といった合言葉が挨拶代わりに使われていた時代のムードが、あの時代を知らない人にも多少は理解されるのではないか。

# 第二部　敗戦で立場を失う

## 靖国神社の位置をきめた占領軍

戦時中の靖国神社は海軍省と陸軍省の共同管理下にあったが、敗戦の四カ月後に占領下の日本から陸海軍両省がなくなり（昭和二十年十二月一日）、マッカーサーの神道《しんとう》指令（十二月十五日）によって靖国神社は国家から分離された。神道指令とは、神社を国家から切り離し、宗教法人として手続きを取るなら存在を許すという内容の指令で、靖国神社は翌年（昭和二十一年二月）、宗教法人令による法人となっている。

占領軍側からは、靖国神社と伊勢神宮と明治神宮を焼却する案などもでたという。神社側としてはこれを避けようと、境内の一部を娯楽施設のある「歓楽郷」にする案まで考えた。だが戦後に駐日ローマ法王代表を務めたドイツ出身のブルノー・ビッテル神父が、マッカーサー元帥から靖国存続の是非を聞かれて、

「もし、靖国神社を焼き払ったとすれば、その行為は米軍の歴史にとって不名誉きわまる《ママ》汚点となって残るであろう（中略）。いかなる宗教を信仰するものであろうと、国家のために死んだものは、すべて靖国神社にその霊を祭《ママ》られるようにすることを、進言する」

と答え、マッカーサーがこれを受け入れたといわれている（『やすくにの祈り』）。

日本を神の国とし、必ず神風が吹くと信じ込ませて戦ってきたころの国家神道は、戦勝国から見れば悪の権化《ごんげ》であったにちがいない。かくて神道指令のもとに神道は国家と切り離されて民間の宗教となり、厳密な政教分離を求められることになった。

天皇を神とし、国家神道をかかげて国民をマインド・コントロールした時代を知っている私にしてみれば、神道を国家と切り離し民間の宗教と同じように位置づけたのは正しい判断だと思う。ただし、これが占領下に戦勝国の判断によって行なわれたままこんにちにいたっているのが納得できない。サンフランシスコ平和条約を締結して独立日本になった時点で、あらためて日本独自の判断によって神道を民間の宗教に位置づけ、政教分離の原則を明らかにしておくべきであったろう。

もっとも、それが出来るくらいなら独立と同時に占領憲法を廃止して独立日本の新憲法を制定したはずで、当時の日本は占領憲法の廃止や靖国神社の位置決定などできる社会体制になかった。国家神道が民間の宗教となってから神社本庁が設立されたが（昭和二十一年二月）、靖国神社は神社本庁の管轄下に入っていない。いまも靖国神社は依然として単独の宗教法人である。

ただし祭神の選考基準は原則として、戦死・戦傷死・戦病死もしくは公務に殉職した軍人軍属などとされていたから国家と無縁であるはずがなく、陸海軍両省がなくなってから、国家のために命を捨てた人は復員局および、のちの厚生省引揚援護局の管轄となって祭神名票が靖国神社に送られ、神社側は霊璽簿《れいじぼ》におさめた上で、祭神を「〇〇の命《みこと》」として合祀したのであった。

## 敗戦三カ月目に初の戦没者招魂

最近になってA級戦犯の合祀について近隣諸国からクレームがつけられているが、敗戦日本が最初に戦没者の霊を靖国神社に招いたのは敗戦の年の十一月十九日である。臨時大招魂祭を行なったあと、満州事変以後敗戦までの戦没者を、敗戦翌年の昭和二十一年から五十七回にわたって合祀してきた（『やすくにの祈り』）。日本は敗れたりとはいえ、あのあわただしい戦後三カ月目から、国家のために命を捨てた人に対する礼を失していない。六十年も経過して他国から合祀が気に入らぬ、などといわれる筋合いのものではないのだ。

いまになって、日本は天皇制を柱にし国民をマインド・コントロールしながらアジアを侵略してきたと自虐的に国家を非難する人もあるが、私はそんな状況にマインド・コントロールされていた自分を含めて回顧するにつけても、戦後三カ月目から戦没者を思いやっていた日本の姿勢に共感している。
話はそれるが、東条元首相ら三十九人に戦犯逮捕の令状が出されたのは敗戦からほぼ一カ月目の九月十一日である。そのニュースを聞きながら同時に、日本人としては何はともあれ国家のために命を捨てた人々の霊を、納まるところへ納めなければという思いにかられていたことになる。

ところで、戦時中は誰もがつらく惨めな生活のみに明け暮れていたかのようにいい、「二度と戦争はイヤだ」とあっさり結論づける人がいるが、戦争はそんなに単純なものではなく、人間もそれほど平板な存在ではない。

国家が方針を打ち出し、それを正義のための聖戦だと説得されて、かつて日本人の大半は世界の安定のために邁進《まいしん》していると一途に信じこんでいた。そりゃないでしょうとは六十年目にいえることで、国中が一体化してひたむきだったことは先にあげたマスコミの記事によっても明らかだ。食うか食われるかの緊張感のもとに、前だけをみつめて前進していた小学生のころの迷いのない日々が、私にはいまでも一種の爽快感《そうかい》をともなって思い出されることがある。

まず、胸に浮かび上がってくるのは歌だ。当時、子供は少国民と呼ばれていたが「少国

長野高女一年生の著者。今なら中学一年生の年齢。軍需工場に動員されていた。鉢巻の日の丸の両側には「神風」の二文字が書いてあった。

民愛国歌」の三番は、

世界平和の決勝点　見えた頑張れ　もうすぐだ
われらは日本少国民　われらは日本少国民　駈けよ　駈け駈け　真先《まつさき》駈けて
愛国競走　それ駈けよ

目の前に世界平和が見えてきたといわれれば、迷ってなどいられようか。
子供だけではなく、家族全員で歌ったのが「父よあなたは強かった」である。
一番が、父よあなたは強かった　泥水すすり草を嚙み（中略）よくこそ（敵を）撃って下さったで、
二番は、夫よあなたは強かった　骨まで凍る酷寒を（中略）十日も喰べずに　いたとやら　よくこそ勝って下さったで、
三番は、兄よ弟よありがとう、
四番は、友よわが子よありがとう、と世界平和のために活躍する身辺の男たちの活躍を片っ端から褒めたたえ、

あの日の戦《いくさ》に散った子も　今日は九段（靖国）の桜花
　よくこそ咲いて下さった

とくれば、子供としては雰囲気につられずにいられない。
さらに、私と同世代なら誰もが口ずさんだのは次のような歌詞である。

　太郎よ　お前は良い子供　丈夫で大きく強くなれ
　お前が大きくなるころは　日本も大きくなっている
　お前は私を越えて行け

大人になったら満州も朝鮮半島も台湾も、おまけに本来の北方領土までがなくなって、日本が小さくなっていようとは夢にも思わず、私たちは声を嗄《か》らして歌ったものだ。歌いまくってお腹が空いたころ、

欲しがりません、勝つまでは

という標語が周囲に貼りめぐらしてある。耐乏《たいぼう》もまた楽しであった。

国中が一丸となって突撃していた時代の一種の危険をはらんだ快感が、戦争という二文字の裏側にあるのはたしかで、いわずもがなのこの一節をあえて書き添えたのは、「二度と戦争はイヤだ」とあっさりいってのけることにウソがあると思うからである。こういう肝心なところでは爪の垢《あか》ほどもウソが、あってはならない。

少なくとも私は爽快感や躍動感を含めて戦中と戦後を生きてきており、戦争の馬鹿馬鹿しさに気づくのに半世紀かかった。

## あなたは靖国を知っているか?

少女時代の私は、「九段の母」という〝国民歌謡〟を愛唱していた(一九三九〔昭和十四〕年作)。

九段の母　　石松秋二　作詩

佐藤富房　作曲

上野駅から　九段まで
かって（勝手）しらない　じれったさ
杖をたよりに　一日がかり
せがれきたぞや　会いにきた

上野駅に着いたというから、東北地方の人だろうか。夜行列車に揺られて上京したものと思われる。死んだら靖国神社に会いにきてくれといって出征した息子との約束を果たすため、杖をつきながら九段の靖国神社にやっとの思いでたどりついた老母の心境を歌ったものであろう。

空をつくよな　大鳥居
こんな立派な　おやしろに
神とまつられ　もったいなさよ
母は泣けます　うれしさに

当時の庶民が国の為に戦って神となるのを、いかに有り難く思っていたかが分かるだろう。これでは、まるでアラブ並みではないかといった人があるが、良し悪しを別にしてあの時代の日本はアラブ並みだったかも知れない。日本人も〝聖戦〟と信じて、戦時中はこれを合言葉にしていたし、特攻機は片道の燃料のみを積んで〝自爆〟していった。人も国もいくつもの発展段階を経て成熟していくものだという思いを深くする。

両手あわせて　　　　　ひざまずき
おがむはずみの　　　　おねんぶつ
はっと気づいて　　　　うろたえました
せがれゆるせよ　　　　田舎者

田舎では朝晩、仏壇の前で息子の霊を拝んでいたのだが急に神になったといわれて戸惑い、靖国神社の本殿に参拝するときに、いつもの癖でつい念仏を唱えてしまったという笑えない話は、おそらく実話であろう。締めくくりの四番は、

とびがたかの子　生んだよで
いまじゃかほう（果報）が　身にあまる
金鵄勲章《きんしくんしょう》が　みせたいばかり
逢いにきたぞや　九段坂

である。金鵄勲章とは、さきの新聞にも引用されていた通り（十七頁）特に立派な手柄をたてた兵士に与えられる勲章で、神武天皇の弓の先に止まっていた神話の金の鳶《とび》になぞらえたものである。戦時中はこの勲章を与えられるのが何よりの名誉であった。戦後に三文の値打ちも無くなったといわんばかりに古物商に売った人がいたとも聞いている。お国のために立派に戦死して、金鵄勲章を授与された息子を世間の人々が称賛するのを聞きながら、鳶が鷹《たか》の子を生んだとはこのことかと自らを卑下しつつも、立派な息子を持った我が身の〝果報〟を思い、社殿で息子の霊に話しかけている老母の姿は、いまになると想像するだに哀れである。ただし、くどいようだが人も国もいくつもの発展段階を経て成熟していくものであり、条件反射といわれようが私など、いまでもこの曲を涙なしには聞けない。

涙といえば六星占術の細木数子さんが、ゴールデンタイムの人気テレビ番組で、「十代の若者が、一人乗りの飛行機に片道のガソリンだけを詰めて敵の陣営に突っ込んでいったんですよ。その若者たちは突撃しながら、まもなく靖国神社で両親と再会し、仲間たちと落ち合えるんだと自分に言い聞かせたことでしょう。靖国神社とは、そういうところなのです。国の代表としての首相が参拝するのは当然です!」(フジテレビ　二〇〇五年十一月十八日)

という意味のことを涙ながらに訴えていた。スタジオの若いタレントたちは声もなく静まりかえっていたが、画面を見ながら私は現代日本の盲点をついた番組だと思った。テレビが一番てっとり早い。靖国神社とはどういう歴史を持つ神社なのかを、まず現代日本に熟知させ、その上で首相の参拝の是非を問いただしてこそ世論調査は意味を持つ。

番組が終わってから私は、たとえばニート(ノット・イン・エデュケーション・エンプロイメント・オア・トレーニング=進学も就職もせず教育訓練も受けていない者)問題のリーダーを目指すといわれている例の自民党の若手ホープ、杉村太蔵議員らに靖国神社のいわれや実態を知ってほしいと思った。彼なりに受け止めたその感想や見解を、実感にもとづいて若い世代に語ってほしい。できれば早稲田の商店街会長で、スーパーマーケットのオーナーとしてバランスのとれた人柄にみえる安井潤一郎議員らも、若い人たちに戦後の日本が歴史教育として飛び越えてきてしまった空白の靖国問題を、忌憚《きたん》のない会話で語り聞かせてほしいものだ。くどいようだが、靖国神社に関する教育を受けなかった人々に、参拝の是非のみを問う世論調査を繰り返しても、ほとんど無意味というべきだろう。

先日、東京近郊の市で三、四十代の女性ばかり三百人ほどの集まりがあったとき、

「この会場で靖国神社に参拝したことがある人は？」

と問いかけてみたところ、二人であった。さらに靖国神社の所在地を知っている人は？という問いかけには、四本の手が上がったのみである。こういう状況で参拝の是非を聞くのは無駄であり、設問の前に事実認識が必要だと私がいうのは、この実態を知って呆れたからだ。

## かけがえのない博物館

靖国神社といえば、鳥居をくぐって右側に遊就館《ゆうしゅうかん》という博物館がある。

明治十五年に開館式が行なわれ、以後、補修や改造が加えられてきた。識者のなかには、戦争を鼓舞《こぶ》する展示館のようにいう人があるが、私はそうは思わない。主観の強すぎる人

遊就館に展示される零戦

は別にして、私などかなり貴重な展示品を擁《よう》する博物館と見ている。

たとえば、零戦（零式戦闘機）を見事に乗りこなした海軍中尉坂井三郎氏は、二百回もの空中戦に参加して部下を一人も戦死させることなく敵機を六十四機も撃墜し、戦後にAP通信によって「ゼロファイター」として海外に紹介された人だ。彼は戦後にアメリカ、イギリス、ニュージーランドなどに持ち去られた零戦の返還運動を推進しており、彼の著書『大空のサムライ』などを読むにつけても私はこの戦闘機に高い関心を持ったが、その零戦の実物が遊就館に行くと見られる。

二〇〇五年の夏には靖国神社の境内に舞台をしつらえ、劇団「夜想会」が特攻隊出撃をテー

戦没馬慰霊像

鳩魂塔

軍犬慰霊像

マにした芝居「同期の桜」を野伏翔《のぶししよう》演出で上演したが、クライマックスで遊就館の零戦が登場して場面を盛り上げた。また、かつて「紫電改《しでんかい》」というネーミングの育毛剤がベストセラーになったが、このむつかしい三文字は本土防空戦で活躍した日本海軍の戦闘機の名前だ。おそらく、それなりの年代の男性たちのなかには紫電改という名前に対する郷愁もあって育毛剤の売れ行きにつながったのであろう。日本が通り過ぎてきた時代に関心のある人なら、戦闘機だろうと特攻機だろうと好奇心を抱くにちがいないが、私もその一人で、遊就館で実物をみて当時の技術水準を察しつつ貴重な遺産だと感じ入った。人間魚雷回天《かいてん》も保存されている。魚雷とは読んで字の通り魚形の水雷で、頭部に爆薬を詰め尾部にスクリューを装置した兵器だが、人間魚雷は人間が乗り込んで操縦したから狙いを外すことはない。回天は思ったより小さなもので、ここにたった一人で乗り込んで帰らぬ人となった若者の体型などを想像しながら、私は小さな体をむしろ誇りとして国家のために命を捨てていったであろう男の〝純情〟を思うと切なかった。ああいう複雑な感動は遊就館の実物を目にしてこそであろう。

戦火の中で活動した軍馬、軍用犬、軍用鳩などの慰霊銅像などもあり、上野動物園の園長をつとめた古賀忠道の、

「軍の庭に　　在りし日の吾が友
愛馬よ
愛犬よ
愛鳩たちよ
靖国の杜《もり》に安らかに眠れ」

という揮毫《きごう》も寄せられていた。

もちろん、先の戦争のみならず、鎌倉時代の武士の「出陣武装人形」や古代の武具なども陳列してある。同じように遊就館を見ても、

「そういうものを靖国神社に得意げに展示していながら、中国に対して『首相の参拝に文句を言うな』というのは、本当に失礼な話です」(「論座」二〇〇六年二月号、朝日新聞論説主幹・若宮啓文)

などと感想を洩らす人がいて私は意外な気さえした。戦時下の空気は承知しながらも戦場を知らぬ私にとって、遊就館は他に類をみない博物館である。主観のちがいによって、

遊就館は人々を軍国主義に駆り立てる場所だと誹謗《ひぼう》、中傷《ちゅうしょう》するのは自由だが、そういう人々は歴史に全く無関心なのであろうか。ヨーロッパの博物館にはギロチン（断頭台）が展示されているが、これを誹謗したという話を、少なくとも私は聞いたことがない。

アメリカ・ワシントンのアーリントン墓地の入口には、かつて硫黄島《いおうとう》で六人のアメリカ兵が星条旗を打ち立てた時の様子が像となって建っている。日本は硫黄島玉砕を機に本土空襲を防ぐことができなくなったから、いわば日本にとって最後の砦《とりで》となった島である。戦勝国アメリカが、自国内にその勝利の瞬間にちなんだ記念像を建て、日本人観光客はいま黙ってこれを見上げているのだが、日本政府として、この像が軍国主義強化につながるなどとアメリカに苦情を申し出たことは一度もない。両国ともこれを歴史のヒトコマと理解できるレベルにあり、戦争とはこういうものだと心に銘じつつ互いに過去を弔っているからであろう。

遊就館に零戦がならび、人間魚雷が展示されているから軍国主義復活だという論理は、通用しない。当時の日本には堂々たる軍隊があり、国家として戦争を行なう権利、つまり交戦権が認められており、戦う自由が保障されていたのである。

あのころの日本の姿を歴史から抹消することの方が不自然だ。

# 第三部　日本は加害者か

## 軽薄な謝罪

靖国神社とは、以上のような意味を含んだ場所である。

そのことを承知した上で、あらためて靖国論争に期待したいものだ。たしかに明治維新前後から祀られている二百四十六万余の祭神の、九割近くが先の戦争で国の為に命を捨てた人々の霊だ。しかし、そこに参拝したからといって軍国日本への回帰だというような単細胞こそ、私には〝進め一億、火の玉だ〟〝贅沢は敵だ〟といって進軍ラッパを吹いてきた、旧日本の全体主義の尻尾をぶら下げた人々に見える。

よく知られていることだが、あの時代のさなかで〝ぜいたくは敵だ〟と書いて貼られたスローガンに一字加えて、〝ぜいたくは　ス敵だ（ステキだ）〟と揶揄《やゆ》した人がいたという。この話を聞くたびに私はホッとしている。あんな時代にさえ、これだけの余裕をもっていた日本人の間口の広さ、教養の幅を感じるからだ。あのセンスはいまどこへ消えてしまったのだろうか。

中国から靖国参拝にクレームをつけられて同調し、それっ、首相の参拝は軍国主義礼賛だと、一斉に声を揃えて誹謗、中傷する識者がいるのに、正直なところ私はげんなりしている。

「中国は、首相が参拝を止めればスムーズな両国関係が保てるとシグナルを送ってきているんです」（二〇〇五〈平成十七〉年十月二十三日　NHK日曜討論）

といって中国の深層心理を代弁するかのようにいった人もあるが、馬鹿いっちゃいけない。そもそもシグナルとは、それとなく送る信号ではないか。どうして、クレームがシグナルなものか。

あれは日本に対するあからさまな抗議であり、首相の行動に対するいわれなき干渉である。

近隣諸国への配慮など一切不要だとはいわないけれど、それは政治的配慮に止まるべきだ。政治家は言論人ではないから、現実問題を解決するための方便を考慮するのは当然だろう。しかしあくまでも志を貫くための方便として使うべきもので、事態が一応治まったのを見届けたなら、本論に立ち戻って目的達成のための次のステップを踏み出すべきで、政治的配慮とは、紛糾《ふんきゅう》を避けるためのガス抜きが目的であるはずがない。

私が呆れるのは、ガス抜きの論理が教科書検定（義務教育諸学校教科用図書検定基準）にまで取り入れられていることだ（一九八九〈平成元〉年）。

検定基準の社会科、二項の第四項目に、次のように書いてある。

「四　近隣のアジア諸国との間の近現代の歴史的事象の扱いに国際理解と国際協調の見地から必要な配慮がされていること」

真実の探究に必要なのは正確な事実である。教科書の必須条件として正しい事実が書かれているべきなのはいうまでもない。第四項をすなおに読むと、教科書には事実を手加減して書けという事にならないか。〃配慮〃の名のもとに事実を曲げるもよし、場合によっては時期がくるまで事実は伏せろという事にもなりかねない。これは戦時中の論理だ。日本は大敗していたのに、大本営発表と前置きして「我が方の損害なし」と国民の士気に〃配慮〃しつつ事実を手加減して発表した、あのインチキ報道と同列である。

どうして、こんな記述が検定基準に加えられたのか。事なかれ主義の愚もここに極まりだ。こうまでして、基準値を下げて日本が近隣諸国への配慮をせねばならぬ理由が私には思い当たらない。自慢にもならないが日本は負けた国である。敗戦国としての裁きを受け、先方の言い分通り罪を負い、命を提供して償《つぐな》いを済ませ、敗戦の無一物から〃自力〃で難関を切り抜けてこんにちにいたった国である。どこに必要以上の配慮がいるものか。

再びテレビの話題になるが、一九四五（昭和二十）年八月六日午前八時十五分にヒロシマに投下した原子爆弾を運んだエノラ・ゲイ機に随伴して、空から成果を観察したハロルド・アグニュー博士（のちのロスアラモス研究所長）が、戦後はじめて来日したとして日本のテレビに出演していた。はじめに平和記念資料館を参観している様子が映し出されたあと、日本の老被爆者と対面していたが（TBS　二〇〇五年十一月二十三日再放送　文化庁芸術祭参加・戦後60年特別企画「ヒロシマ」）、被爆者たちは当然、形式的にせよ詫びの一言が欲しかったものと思われる。だがアグニュー博士は、ついに最後まで詫びる姿勢すらみせなかった。詫びないどころか被爆者たちが、

「罪のない市民まで、これほどの被害を受けました」

といったのを受けて、

「戦争はお互い様だ。戦争している国のあいだに罪のない人はいない」

と撥《は》ねのけていた。我々は真珠湾攻撃を忘れていない、とも繰り返している。被爆者たちは遠来の客に対して、かなり低姿勢で話していたが博士の回答は情け容赦《ようしゃ》なかったといってよい。原爆投下という国際法違反を犯《おか》しながら、戦犯裁判の法廷では原爆についての発言を禁じ、いまや核拡散防止条約（NPT）を堂々と推進しているアメリカの横暴ぶりに、私は一方では地団駄《じだんだ》踏みたい思いがある。しかも、被爆者の治療費はすべて日本側に

任せてアメリカは一切関知しないばかりか、日本で被爆した外国の捕虜の治療費まですべて日本の負担としていることなどに大いに異議もある。現に、ロサンゼルス在住のオランダ人で、捕虜としてヒロシマに収容されていたときに被爆したという人と面談したとき、彼は日本行きの片道航空券さえあれば、老後は心配ないといっていた。すでに原爆手帳は取得しているから、最悪の場合は日本に行きさえすれば診察も入院も治療も、費用は心配ないというのである。

それはそれとして、実はあの夜、アグニュー博士の態度に私はひそかに共感もしていた。戦争は食うか食われるかである。かつて戦時下のアメリカで、日本女性の手によってたった一紙のみ日本語の新聞「ユタ日報」が発行されていて、私はそれをかなり詳しく読んだが、じゃがいもをビクトリーポテト（戦勝芋）といい換えて勝つまで食いつなごうと書きたてていた。卵やミルクが欠乏する中で偽《にせ》アイスクリームの作り方なども紹介してあった。アメリカも厳しい戦時体制を切り抜けていたことはいうまでもない。この体制下で最終兵器としての原爆製造を担当した博士らは、それなりの使命感を持ち勝利をめざしていたからこそ、仕事の成果を見ずにはいられずヒロシマまで同乗してきたものと思われる。

あのときは戦う国民として懸命に国家の方針にしたがって原爆を製造、投下したのだから、六十年経過したからといって安易に一転して謝罪する気になれないというのは、人間の意思のあり方としてうなずける。私たちが経験した戦争とは、そういうものであった。戦争をしている国の間には罪のない人間はいないといい切った博士の論法に、戦時体制を経験した私は敵ながら天晴れとさえ思ったのである。

むしろ敗戦国日本はあくまでも加害者で、戦勝国としていまや国連の中枢をになう中華人民共和国は被害者だと、一刀両断の下に決めつけたかのような論陣を張る日本の識者の方に、私は反発を感じずにいられない。あまりに転換が単純すぎないか。

〝被害者〟の希望にそって靖国参拝を取り止め、教科書の中の迷惑になりそうな記述には配慮しろという論理は、国家としてあるべき主張と姿勢の欠如を示し、腰抜けぶりをさらけ出したというほかない。私がテレビの前でアグニュー博士に共感したくなった部分は、個人としての博士の腰の強さであった。人も国もいくつもの発展段階を経て成熟していくものではあるけれど、成熟の前提は容易にぐらつかない腰の強さがあってこそである。

私が読んだアメリカの中学生の教科書には、アメリカが原爆を投下したことによって戦争を早く終結し世界を平和に導くことができた、と誇らしげに説いていたのを思い出す。もちろん、この説には共感できないが加害者と被害者を安易に分け、自らを加害者に仕立てて二つ返事で謝罪する姿勢に比べれば、自国に対するプライドがあるだけマシである。公平にみて私は日本という国家の考え方の甘さ、だらしなさ、主体性の欠如に苛立《いらだ》っており、靖国問題の元凶《げんきょう》はここにありと思わざるを得ない。

## アジアに対するご迷惑

中国に旅行した際、南京で「侵華日軍南京大屠殺遭難同胞記念館」に行ったことがある。表に「三〇〇、〇〇〇」と大きく数字だけが表示してあって最初は理解に苦しんだが、日本軍によって南京でこれだけの中国人が犠牲になったと訴えているのであった。もっとも、この数字も根拠はない。東京裁判で原告側証人として、二十万人の中国人が日本軍に殺害されたという数字を上げた人があったのが基準になっているという説もあるが、日本の歴史学者（例えば秦郁彦氏など）は四万人が妥当な数だろうと述べている。

四万人ならいいというわけではないが、四万と三十万では余りに差がありすぎる。日中の間でこれほどの差を承知しながらも、論争のための論争がまかり通っていることだけははっきりさせておきたい。

かつて「中国人百人斬り」を褒めたたえた記事が新聞に掲載された（一九三七〔昭和十

二〕年十一月から十二月にかけて東京日日新聞に四回)。

この記事は、南京攻略戦で、どちらが早く中国人百人を斬るかと二人の日本の将校が競ったというもので、戦後に二人とも南京・雨花台《うかだい》で戦犯として処刑された。だが、その後『日本人とユダヤ人』で知られるイザヤ・ベンダサン氏(山本七平氏)やノンフィクション作家の鈴木明氏が百人斬りはありえない話だとし、戦意高揚をねらった記者の創作であると指摘したのである。

遺族としても当然、訴訟をおこしたが、東京地裁では「(百人斬りをめぐる記事は)虚偽であることが明らかになったとまで認めることはできない」として、遺族の言い分は受け入れられなかった(「諸君!」二〇〇五年十二月号 阿羅健一)。いずれにしろ戦時中に、この種の曖昧《あいまい》な記事が大々的に掲載され、これらが一因で〝アジアに対するご迷惑〟論になっていることも、見落としてはならない。

日本加害者論の根拠の曖昧さにふれたついでに、紹介しておきたい論文がある。

吉野作造という政治学者が一九一六(大正五)年に「満韓を視察して」と題する論文を「中央公論」六月号に寄せていた。言うまでもなく満州と韓国の視察である。吉野作造博士といえば公平な論評で、いまも多くの人々の支持を集めているが、彼は異民族の統治は威圧すれば成功するというものではないとして、日本の朝鮮総督府《そうとくふ》は国家の威厳を示しつつも、現地の人々に近代文明に浴する機会や、植民地以前にはなかった生活上の便宜を与えていると述べて、日本の植民地政策を好意的に評していた。

**原文**

「異民族の統治は威圧《いあつ》丈《だ》けで成功するものでないことは固《もと》より言ふを俟《ま》たない。幸にして朝鮮政府（筆者註・日本の朝鮮総督府）は、斯《か》く一方に於て国家の威厳を示して居りながら、他方に於て土民に近世文明の恩沢《おんたく》に浴するの機会を与へ、殊に昔の独立時代に見なかつた色々の生活上の便宜を供して居る。殖産《しょくさん》工業も段々に盛《さかん》になつて居る。交通機関も開けた。殊に道路はどんな田舎に行つても今や立派に造られて居る。病院も設けられた。其《その》上又朝鮮政府は朝鮮民族の精神的満足幷《ならび》に其開発を計ることをも怠つては居ない」

満州に関しては、今後さらに経済的に発展していくべきで、日本の実力が満州のみならず、蒙古（筆者註・現モンゴル）の奥地まで及ぶようにならなければ理想が実現されたとはいえない、という意味のことを述べている。

**原文**

「日本の満州経営は、只《ただ》日本の専管区域たる少許《しょうきょ》の地域内を、巧《うま》く治めたといふだけで終るのではない。即ち関東州から始まりて北、長春に終る細長い地域ばかりが経営の手を伸ばすべき全部ではなくして、更に其両側に広く経済的に発展して行かなければならぬ。政治的の勢力範囲は極めて微々たるものであるけれども、経済的の日本の発展すべき範囲は更に大なるものであらねばならぬ。即ち日本の実力が満州全体は勿論蒙古の奥までにも及ぶやうにならなければ、我々の満州経営の理想が完全に実現されたものと云ふ事は出来ない」

同論文から九十年たったいま、日本の実力を満州から蒙古の奥までもと唱えた吉野博士の見解に異論を唱えたい人がいるにちがいない。だが、当時、この一文はすぐれた論評として掲載され、こんにちにいたるまでこの論評によって吉野博士の評価が下がったとも聞いていない。なによりの証拠に一九六六年に設定され四十年の歴史を持つ「吉野作造賞」

（現在は読売・吉野作造賞）が、学問の世界で権威をもっていることはよく知られている通りだ。

人も国もいくつもの発展段階を経て成熟していくものだが、それにつけても見落としてならないのは時の流れと世の趨勢であろう。人は流れに沿って現実を見据えながら精一杯の判断を下し、時流と絡《から》み合わせながら正当と思われるものを評価して時代を乗り切る。時点を変えて別な評価を下したいなら、時点が変わったことを前提に打ち出して、あの時はあのように思ったが、いまにして思えばこのようになると、回想を込めて評価を変えるべきだ。にもかかわらずA級戦犯に関して非難、中傷するとき、回想と半世紀後の現時点での評価を、混同して論じる人が多すぎる。

あのころは国家の為に犠牲になった人として同情と顕彰の思いしかなかったが、こんにち的な視点を加えると少なくとも戦時下の指導者にはそれなりの欠陥と思慮の浅さがあったと判断せざるを得ない、というなら分からぬでもない。しかし二十八年も前に（一九七八（昭和五十三）年）、靖国神社に合祀されたA級戦犯をにわかに国賊あつかいして、それも中国からクレームをつけられたのがきっかけで、靖国神社から外して分祀しろだの、日本の首相の靖国参拝がアジアの平和を乱しているだのと、過去と現時点とを無分別に混同して論陣を張る人々の真意が私にはわからない。よほど根深い他意があるのではないか。

余談だが一九〇〇（明治三十三）年、清王朝のころ中国山東省に義和団といって拳法《けんぽう》を支えとする宗教的秘密結社があった。列強（世界の強国といわれる国ぐに）がこれに向かって攻撃をはじめ、特にキリスト教の宣教師たちは布教にはげむあまり無秩序な戦いを展開したが、このとき日本だけは整然と規律と儀礼を保った行動をとって、列強はもとより清王朝の人々をも感動させたと伝えられている。

いま、中国が満州事変や支那事変にさかのぼって日本の態度を悪《あ》しざまにいうなら、ついでに義和団のころの日本の態度にまでさかのぼって評価してはどうか。

## マッカーサーでさえ日本擁護を

話はもどるが、満州事変や日中戦争（支那事変）にしても、私には日本が全面的に異民族支配に乗り出すべくはじめたものとは考えられない。

一九三二（昭和七）年に日本が満州を建国したのを犯罪のように言う人もいるが、吉野作造博士が蒙古の奥までも統治すべきだといわんばかりの随想を述べたのは、一つには列強の侵略を意識してのことだろうとも思われる。昭和初期の時流を考えると私としても日本が出ていかなければ列強が出ていって、満州は必ずしも平穏だったとは思えない。

それにつけても見落としてならないのは、何度もいうように時の流れと世の趨勢だ。『マッカーサー回想記』にさえ、日本は自衛戦争を戦ったかのように読み取れる記述がある。また、日本ではA級戦犯の容疑を受けた岸信介氏が、安保条約改定当時の首相に返り咲いていたことを批判する人がいるが、彼を戦犯として指名し公職から追放した張本人のマッカーサー自身が、公職追放令の施行を反省したりしている。現役を離れすべてが終わってから、回想記で重大発言をすることにどれほどの意味があるかはさておき、ともかくマッカーサーが、その言動に関して多少なりとも訂正しておきたい気分になったことはまちがいあるまい。

マッカーサーに言われるまでもなくアメリカは石油の輸出を禁止して日本を兵糧攻めにし、追い詰められた日本が窮鼠《きゅうそ》猫を噛む思いで開戦となったわけで、アグニュー博士のいう通り戦争はお互い様なのだ。

上記の諸事情を思えば思うほど、私は日本がアジアを一方的に侵略した加害者だという見方には安易に同調できない。ましてやいま、被害者と加害者を簡単にふるい分けて自虐的に日本を責《せ》めまくる人々の度はずれた〝善意〟には辟易《へきえき》させられるのみだ。

## 原文　マッカーサー回想記

日本は重要な天然資源をほとんどもたず、主として国民の節約と勤勉によって過去一世紀の間繁栄を保ってきた（中略）。その結果は鉄、石炭、鉱物、棉花、石油その他ほとんどあらゆる必需物資に欠けていながら、日本は偉大な産業国家となった（中略）。事実、こんどの戦争の誘因の一つは、日本がルーズベルト大統領によってはじめられた経済制裁をおそれたことにあったのである。その当否はともかく、日本は経済制裁によって日本の産業がマヒすることになれば、国内革命が起りかねないと感じ、日本の産業帝国を維持するための基地を手に入れていわゆる〝大東亜共栄圏〟を永久に確保しようと考えたのである。

マッカーサー自身の命令で行なった、戦時中の日本の首脳部を公職追放令によって一掃したことへの言い訳とも、反省ともとれる箇所は次の通りだ。

## 原文　マッカーサー回想記

ポツダム宣言には、戦前軍事的あるいは超国家主義的な活動に従事していた日本人はすべて、公職からはずし、政治的影響をもち得ないようにする、との追放条項があった。これは新しい日本の建設に当って他には見当らないような人物を、数多く政府から失うことになりかねないので、私はこの措置《そち》をとることに非常に大きい疑問をもっていた（中略）。追放にかかる者の多くは、その時の情勢に応じた形で国家に尽した愛国者たちであり、彼らを罰することは国のあやまちを個人につぐなわせることになる。平和条約で日本の主権が完全に回復するや否や、被追放者に対する禁止事項はことごとく取除かれたが（筆者註・A級戦犯あるいは容疑者とされた重光葵、岸信介、賀屋興宣など）、それは当然のことといわねばならない。

# 第四部　東京裁判とA級戦犯

## ドキュメンタリー映画「東京裁判」

さて、いよいよ東京裁判である。

市ヶ谷の防衛庁に新庁舎ができる前に、私は旧防衛庁の講堂で自衛隊幹部学校の学生向けに講演を依頼された。迷うことなく引き受けたのは、かつての陸軍士官学校の大講堂を改造して、昭和二十一年五月三日からはじまった東京裁判の法廷を一目見ておきたかったからだ。当時のままの法廷を見ることのできる最後のチャンスであった。その後、まもなく最新型の新庁舎が誕生して東京裁判法廷は新庁舎内に移築されたから、いまでも法廷の様子を偲ぶことはできる。

ダグラス・マッカーサー連合国軍最高司令官の名で極東国際軍事裁判所条例が承認されたのは、敗戦の翌年の一月十九日であった。これに基づいて行なわれたのが、いわゆる東京裁判で、これは端的にいって戦勝国の報復裁判である。

戦勝国十一カ国（アメリカ、イギリス、中華民国〔台湾〕、ソ連、オーストラリア、カナダ、フランス、オランダ、ニュージーランド、インド、フィリピン）が裁判官となり、被告席には日本のみというのだから、どうみても裁判の形式をなしていない。裁判だと主張したいなら、戦勝国が原告となり敗戦日本が被告となって中立国が裁判官の位置についてはじめて形式は整う。

とはいえ、さすがにアメリカはそれなりに手を尽くし、この裁判の全貌をフィルムにおさめていた。もちろん白黒フィルムだが、それをもとにして一九八三年には、講談社が創立七十周年を記念してドキュメンタリー映画を製作している。もちろん私は最初に公開されたときに駆けつけ、四時間半の長編を最後まで見ている。その「東京裁判」が、戦後六十年にちなんで東京・日比谷のイイノホールで一日だけ（昼夜一回ずつ）再上映された（主催「『東京裁判』を上映する会」）。大々的な宣伝力もなかったのか予告は週刊誌の埋草《うめくさ》のような記事に掲載されていたのだが、私はすぐ申し込んでいる。当日は、七百席の会場がほぼ満席で、人々は長丁場《ながちょうば》を咳ひとつせず食い入るように正面のスクリーンに見入っていた。

あの映画によって、公正を欠く裁判であったことは一目瞭然である。

オーストラリアのウエッブ裁判長は天皇を戦犯にしたいと意図していた。アメリカのキーナン検事は、日本占領を順調に推進するために天皇を犯罪人にしたくない。これが対立して裁判長は裁判の途中で一カ月、いわばストライキをおこして帰国してしまう。

「責任の果たせない裁判長なら更迭《こうてつ》せよ」

という声も上がったと、映画にはここでナレーションが入っている。

アメリカのブレイクニー弁護士は、国家に交戦権がある以上、戦争は犯罪ではないと前置きして、「原爆投下を計画、実行し、それを黙認した者がおり、東京裁判はこれらを黙認した側が裁いている」と鋭く指摘した。平たくいうと、アメリカも戦争犯罪をおかしているではないかと追及したことになるが、裁判長はこれを却下し、当初の速記録には「以下通訳なし」として記録されていない。

## ブレイクニー発言内容

戦争での殺人は罪にならない。それは殺人罪ではない。戦争が合法だからだ。つまり戦争は合法的人殺しなのだ。たとえ嫌悪すべき行為でも犯罪としての責任は問われない（中略）。何の罪で、いかなる証拠で戦争による殺人が違法なのか。原爆を投下した者がいる。投下を計画し、その実行を命じ、それを黙認した者がいる。その人たちが、いま裁判官の席にいる。

東京裁判は、前述の通りダグラス・マッカーサー連合国軍最高司令官を責任者として、いわゆるA級戦犯を裁いた法廷である。

BC級戦犯はロバート・アイケルバーガー占領軍司令官を責任者として横浜地裁で裁かれた。東京裁判の法廷と同様に、横浜地裁もすでに建て替えられたが、かつて日本で陪審《ばいしん》制を取り入れかけた時に設置されたこの由緒《ゆいしょ》ある横浜地裁のBC級戦犯法廷は、現在、神奈川県の桐蔭《とういん》横浜大学に移築、保存されている。

## 国会で「東京裁判」の上映を

戦犯に対するA、B、C、のクラス分けは、私の知るかぎりアメリカ軍の機関紙の「スターズ・アンド・ストライプス」が言いだしたと思うが、A級は平和に対する罪を問うというものであった。当時、各国に交戦権があって、それぞれに国家の方針にしたがって平和を乱しているから、日本にのみその罪を問うのは言いがかりである。B級はたとえば捕虜虐待《ぎゃくたい》の監督、命令に当たった者、C級はそれを具体的に実行した者とされた。

平和になってから国内外で戦犯として命を落とした人は千六十八人（含獄中死）とされているが、日本国内の巣鴨プリズンで絞首刑が執行されたのは東条元首相をはじめとする

Ａ級戦犯七人、ＢＣ級戦犯五十二人、合計五十九人で他に銃殺刑が一人いる。銃殺刑の方が絞首刑より罪が軽いが、この場合の一人は海外で判決を下されて、処刑のみが日本で行なわれた。

当初、巣鴨プリズンに絞首台は一台のみであったがＡ級戦犯七人のために五台に増やし、四人と三人に分けて処刑した。

Ａ級戦犯の最後の寄せ書きが金沢市の宗林寺《そうりんじ》に保管されている。この寺はＡ級戦犯七人の教誨師（受刑者を教えさとす人）として最後を見送った東大教授花山信勝氏の長男が後を継いだから、父親からあずかったものであろう。伝え聞くところによると手錠《てじょう》をかけられたまま筆を執《と》ったといわれている。

それにしても戦犯とは戦勝国の思うままに扱われたものだ。

国内での処刑は一九五〇（昭和二十五）年四月七日で終わり、以後、いっさい行なわれていない。絞首刑を宣告された者も、この日を境に生き長らえた。この年の六月二十五日に朝鮮戦争が勃発したことを考えると納得がいく。朝鮮戦争勃発二カ月前に、アメリカは日本の協力なくしては戦えないと見越して処刑を中止したものと思われる。巣鴨プリズンに拘留中の戦犯たちも、朝鮮戦争勃発を境に減刑、釈放を直感したらしい。朝鮮戦争勃発

当日、アメリカ兵捕虜の生体解剖事件の罪を問われて拘留中だった西部軍司令部佐藤吉直《よしなお》大佐は、

「安心しろ。以後、処刑は打ち切りだ」

と獄中でメモを回覧した。結果としてその通りになったのである。

これを機におおくの戦犯が延命したのは結構だが、同時に戦犯の処刑基準がいかに曖昧なものであったかということも、これで明らかになったといえよう。

話をもどそう。

ドキュメンタリー映画「東京裁判」は、日本が戦勝国から何を問われたかということはもとより、あの裁判の不法性をも実によくあらわしている。また、

「デス　バイ　ハンギング（絞首刑）！」

と、判決の宣告を受けたときのA級戦犯など、それぞれ無言のうちに表情で語るものがあって、この場面も緊張を誘う。

余談だが、大川周明（国家主義運動家）が公判中に前列の東条英機の頭を叩き、これによって精神に異常を来しているのではないかと疑われて、被告席からはずされたといわれているが、映画ではその情景がはっきり映し出されていた。

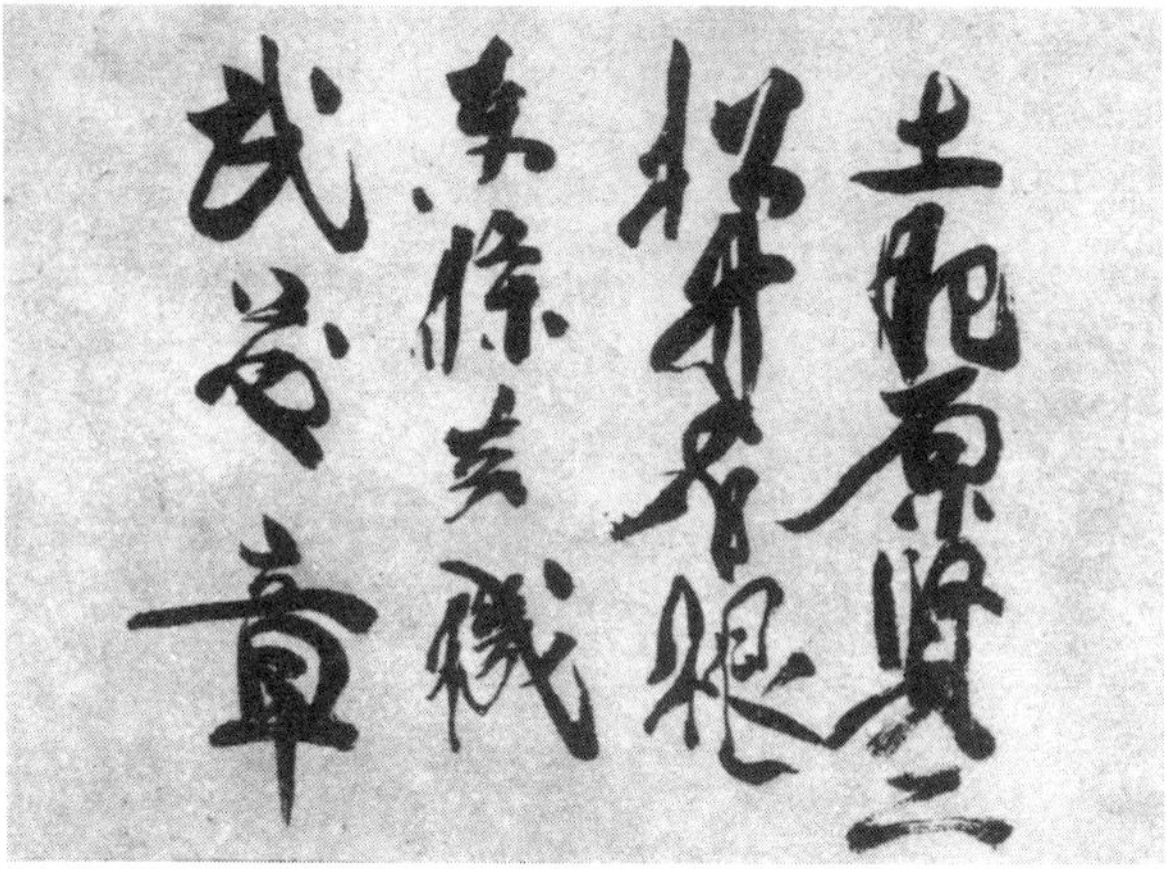


Ａ級戦犯七人最後の寄せ書き　花山信勝『平和の発見』より

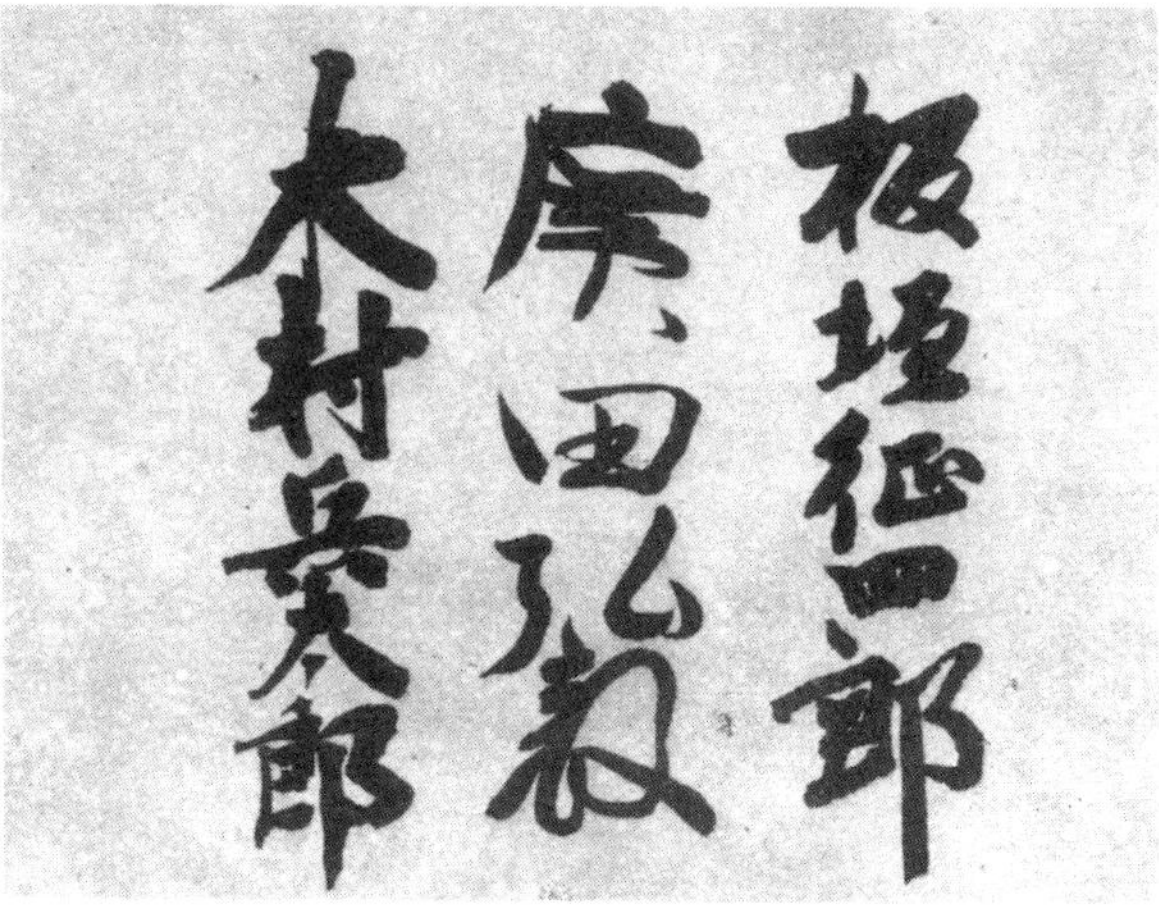

いま、靖国参拝をうわつらだけ論じて是か非かと堂々めぐりを繰り返し、超党派で国立追悼施設を考えるなど屋上屋《おくじょうおく》を重ねるような愚を繰り返しているときに、せめて国会内で映画「東京裁判」を上映できないものか。

A級戦犯の何たるか、戦犯裁判の何たるかを、〝戦争を知らない議員〟たちに示すべく上映するよう提案せずにいられない。無用の解説や説明などは一切不要で、白黒フィルムによる事実そのものを、次世代に示すべきだ。

以前、絞首台に送られる直前の戦犯の頭から顔にかけて、すっぽり黒い頭巾がかぶせられる場面の映像を見たことがある。頭巾が鼻のあたりまで下がった瞬間、なぜか彼の口許がほころびて白い歯が見えた。その場面がいまでも脳裏《のうり》から消えない。次の瞬間、その口許を頭巾がおおって見えなくなったが、あの口許のほころびは何だったのかと、いまでも心にかかっている。

たしか、あれは上海刑務所の映像であった。

## 「私は貝になりたい」の再放送を

「私は貝になりたい」というのはBC級戦犯をテーマとしたドラマで、一九五八（昭和三十三）年十月三十一日二十二時～二十三時四十五分にTBS系テレビで放送して日本中を感動させた。

主演はフランキー堺で、高知県で理髪業を営む好人物が、軍隊に召集されるところから始まっている。彼は新兵としての訓練で上官からアメリカ兵捕虜を銃剣で殺害するよう命令を受けるが、彼には到底できることではなく、怪我《けが》を負わせただけにとどまった。

だが戦争が終わって元通り理髪業に精出していた彼は、ある日、捕虜虐待の罪状で戦犯として逮捕《たいほ》される。法廷で、彼は日本の軍隊では上官の命令にさからえば命がないのだと訴えたが、拒否しなかったのは殺害の意志があったからだとして死刑判決が下った。

彼は妻と子に宛てて、

「せめて生まれかわることができるなら、もう人間になんか生まれたくない。牛か馬の方がいい。……いや牛や馬ならまた人間にひどい目にあわされる。いっそ深い海の底の貝がいい。貝だったら、深い海の底の岩にへばりついているから、何の心配もありません。兵隊にとられることもない。戦争もない。どうしても生まれかわらなければならないのなら、私は貝になりたい……」

と遺書を書いたあと、処刑台を上っていくというストーリーであった。

Ａ級に関してはさまざまな調査が手がけられているから私は主にＢＣ級戦犯を調べて記録してきたが、「私は貝になりたい」はフィクションではなく、ほとんどが実例にもとづくものだ。私なりに調査した事実と符合《ふごう》する。それにしても、あの戦後の混乱期に戦犯の逮捕は何と杜撰《ずさん》に行なわれたものか、と思わずにいられない。

ＢＣ級戦犯は捕虜の管理や虐待を実行したとされている人々だから、捕虜の告発にしたがって容疑者となった。該当者は日本の警察で正面と横向きの写真を撮られ、これを告発者としての捕虜に見せて証言をとるのだが、外国人捕虜が日本人の顔をはっきり見分けられるとは思えない。人違いは当然あった。

余談だが、日本で最初にＢＣ級戦犯法廷に立ったのは、長野県の天竜川のほとりに建設中の水力発電所の工事に駆り出され、捕虜収容所の職員として勤務していた兵である。彼は支那事変で片目を失い義眼であった。捕虜たちが〝ガラスの目〟に虐待されたといったことから彼は絞首刑となったが、あとで調べたところ収容所には義眼が三人いたという。生き残った二人のうちの一人が二十年ほどたって、場合によっては自分が戦犯として指名されたかもしれないのだから、せめて仏壇を拝ませてくれ、と処刑された仲間の家を訪ねたという。私が未亡人を訪ねたときは戦後四十年近く経過したころだったが、彼女は訪ねてきた夫の同僚に息子を通じて「どうぞ」というのが精一杯で、夫と同じ義眼の兵と対面する気にはなれなかったと語っていた。

処刑前の戦犯の家族は、一ヵ月に一度だけ上京して巣鴨プリズンで十五分の面会が許された。しかも金網越しである。ガラスの目として囚われの身となった人の息子は当時、学齢に達していた。彼は予定の十五分が過ぎてドアの向こうに連れ去られていく父親を引き止めようと、金網に指を突っ込んで渾身《こんしん》の力を振り絞りつつ揺《ゆ》すったという。私が彼に会ったとき、彼はすでに一家の長として郵便局に勤め、未亡人を囲んで傍目《はため》には平穏な暮らしを営んでいたが、いまでも深夜にふと目を覚ますと頭のなかで大音響が響くことがあると語っていた。面会を終えた父親が連れ去られたあと、バタンと閉まったドアの音が四十年たっても耳にこびりついているというのである。

広島県呉市の遺族を訪ねた時には、未亡人から当時の話を聞きだしている私の傍らで、父親の顔も知らないという息子が、

「始めて聞く話です」

といって母親の話に耳を傾けていた。父親は孤島での捕虜殺害事件の罪を問われたものだが、アメリカ・メリーランドの公文書館から取り寄せた裁判記録を読んだ私は、公平に

みて父親は上官の身代わりとなったように受け取れた。未亡人もその経緯《けいい》を承知しているようであったが、彼女は戦争は人を狂わせると繰り返しながら、殺害された捕虜にしきりに同情していたのを思い出す。息子は高校の教師だといったが、途中で立ち上がって赤い顔で戻ってきたところから察するに、酒をあおってきたものと思われた。

私が訪ねたBC級戦犯の家では、例外なく昭和天皇の御真影と靖国神社の全景を欄間に高々と掲げていたのを思い出す。親も子も靖国神社を拠《よ》り所《どころ》として生きてきた時期があったにちがいない。敗戦の年に生まれた遺児はすでに還暦を過ぎた。中国は靖国神社に祀られているBC級については異議をはさまないとはいっているものの、戦後の一時期に拠り所としてきた父の眠る靖国神社を他国から云々されている昨今の風潮の中で、全国各地に散在する遺族たちは、A級とBC級を安易に切り離した他国の無神経ぶりに、さぞ憤懣《ふんまん》を抱いていることだろう。為政者《いせい》たるもの、近隣諸国への配慮よりも自国の遺族への配慮が欠落しているのに、なぜ気づかぬのであろうか。

島根県下のBC級戦犯の遺族を訪ねたときに、未亡人が仏壇の引出しから、

「お父さんは何も悪いことをしていない。命じられたことに全力投球して、お国のために役立つ人間として頑張ってきた結果、勝った側からそれがいけなかったといわれている。

お父さんには言い分があるけれど、いまここで黙って相手側のいう通り命を差し出せば、まちがいなく日本に平和がくる。ならばお父さんはつべこべいわずに命を提供しよう。お父さんの命と引き換えに、お前たちが一刻も早く平和な時代を生きていけるように」

という意味のことが書かれた遺書を出して見せてくれた。たしかに、彼の遺書にある通り、戦犯の命と引き換えにサンフランシスコ平和条約が締結され、日本に平和が戻ってきたのである。公平に見て、彼らが処刑に抵抗すれば平和になるのが遅れたであろう。勝った側の希望通り命を提供した結果が、平和条約締結につながったのである。でなければ、あの処刑は何であったのか。

靖国問題が云々されているいま、平和のために提供された命の経緯を示すドラマ、「私は貝になりたい」をあらためて全国に再放送すべきときではないか。あのドラマは日本が乗り越えてきた、忘れてはならない一つの時代を象徴すると思うからである。

戦争が終わってから千人を越える一家の主《あるじ》や息子の命が奪われて、はじめて日本は平和を取り戻したのである。戦犯の命と引き換えに平和がやってきたという以外に表現のしようがない。でなければ、彼らの死は何であったのか。

どんな罪にしろ、裁判ののち判決を受け、判決通り処刑されれば、その罪は一件落着である。一事不再理（一度判決が確定した事件については、それ以上公訴を起こすことができないという原則）は秩序ある社会の鉄則だ。

六十年も過ぎてから、A級とBC級戦犯を勝手に振り分け、A級戦犯を祀るところへ首相が参拝するのはナラヌなどと、外国からいわれてたまるか。

アジアの平穏を乱しているのは、一体どっちだ。

# 第五部　無知がまかり通っている

## 日本の手で日本人を裁くべきだったという無知

戦後の混乱期に戦犯は実にあわただしく逮捕《たいほ》された。

敗戦が昭和二十年八月十五日である。逮捕状を持ったアメリカの憲兵が東条家を訪ねたのは九月十一日だ。近衛文麿の服毒自殺が発見されたのは同年十二月十六日、逮捕の日の早朝であった。戦勝国がこれほど性急に戦犯逮捕に踏み切ったのは、彼らの手で報復裁判を手掛け、それを日本人に妨害《ぼうがい》させまいと思ったからである。

最近になって、状況判断を誤り無理な戦争を遂行した者の責任を、日本は日本人の手で追及すべきであったと言う人がいるが、これは占領という事態に対する無知というほかない。

読売新聞では「二〇〇五年八月十三日の紙面から、靖国参拝問題の前に、戦争責任の所在を明らかにすべきだというキャンペーンを始め（中略）二〇〇六年の八月十五日をめどに、軍、政府首脳らの責任の軽重度を記事にする」といっている（「論座」二〇〇六年二月号、渡辺恒雄主筆）。しかし、戦争勃発《ぼっぱつ》にともなう空気と経過には、それなりの時流があろう。六十年後に総括するのはいいが、その真実と時流にどこまで迫れるのであろうか。

陸軍省も海軍省もなくなって長い年月が経過したいま、その組織図は再現できたとしても組織図に秘められた当時の無言の威力や圧力などは、再現のしようもあるまい。あらためて平和な時代に身をおいた私たちに出来ることといえば、戦争と戦後の理不尽を嚙みしめることぐらいだろう。無理に時代の再現を試みれば、見当外れを招くかもしれず、論議の空転が思いやられる。

いまになって、日本人による日本の戦争責任追及を手掛けるというのは、どだい無茶な注文だということが分かっていない。戦勝国は敗戦後一ヵ月目から戦犯狩りをはじめ、年内に逮捕を済ませて翌年四月二十九日に起訴、五月三日から裁判を開始して、敗戦三年後には七人のA級戦犯をこの世から抹殺《まっさつ》した。彼らは日本の手で日本人の責任追及をさせまいと意図《いと》していたのである。その意図に逆らい、しかもこれほどタイミングのズレた時に、日本人自らの手で真摯《しんし》に責任追及をなどというのは、錆《さ》びついた刀を振り上げて一刀両断を試みるかのごとき無謀を感じさせる。それよりも、戦勝国の意思に逆らうことなどできなかった占領下の体制についての分析を深めることの方が、現実味があるのではないか。

A級戦犯として処刑された七人とその経歴はつぎの通りだ。

東条英機　関東軍参謀長　開戦時の首相　敗戦一年前には総辞職

板垣征四郎　　支那派遣軍総参謀長　陸軍大臣
土肥原賢二　　奉天特務機関長
松井石根　　中支方面軍司令官
木村兵太郎　　ビルマ方面軍司令官
武藤　章　　陸軍省軍務局長
広田弘毅　　外務大臣　首相（処刑された唯一の文官）

処刑されたのは七名だがA級戦犯容疑者として指名されたのは、ほぼ二百五十名とされている。

ついでながら、ここでもう一つ無知について触れておきたい。

二〇〇五年の秋の靖国神社の例大祭に、小泉首相が平服のままポケットから小銭を出して賽銭とする参拝方式をとったのは、大阪高裁で首相の靖国参拝が憲法第二十条の政教分離に抵触すると判断されたからだという。しかし、なぜ靖国参拝のみに厳密な政教分離の原則を適用するのであろうか。

これまでは内閣が成立すると伊勢神宮に参拝したりしたが、首相の靖国参拝が違法なら伊勢神宮参拝も政教一体の図になる。

よくいわれているように公明党の選挙母体は事実上創価学会だというのも、私の判断からすると政教分離の精神に抵触しないはずはなく、公明党が首相の靖国参拝に反対し、国立追悼施設の建設に熱心なのも反神道ゆえにであろうかと勘繰《かんぐ》りたくもなる。

占領憲法で金科玉条《きんかぎょくじょう》とされている政教分離だが、その本質についての理解が不足し、ほとんど無知なのではないか。

## 論ずる〝資格〟のない中国に対する無知

ともあれ中国は、ＢＣ級はいいがＡ級戦犯を靖国神社に祀るのはまかりならんと言っている。

だが、ここが大問題だ。

さきに東京裁判で裁く側になったのは十一ヵ国と述べたが、この中に中華人民共和国は入っていない。そのはずである。まだ国家が成立していなかったからだ。Ａ級戦犯の処刑が行なわれたのは一九四八（昭和二十三）年十二月二十三日である。毛沢東が天安門で中華人民共和国の名乗りをあげたのは翌年の十月一日で、中華人民共和国はそれまで国家として存在していなかった。

つまり中国は執拗《しつよう》に東条はじめA級戦犯の祀ってある靖国神社に参拝するなと日本に抗議するけれど、A級戦犯を裁いた法廷に関わった人は中国にいないはずである。いうまでもなく、すべては建国以前に終わったからだ。裁判に参加した十一カ国にはそれなりに記録は残っているだろうが、中国は当時の記録すら持っているはずがない。この中国にとって、建国前に処刑された他国の首脳の霊に首相が参拝することに異議をはさむ資格があるだろうか。

前述の通り東京裁判の裁判官としては中華民国（台湾）が参加している。これに対して一九七一年の国連加盟以降、中国は一つになったのだから東京裁判の一件は、いまや中華人民共和国に継承《けいしょう》されているという説がある。しかし、国連で一つの中国と認めてから事実上どれほどの悶着《もんちゃく》があったことか。具体的にいって、関係書類を引き継ぐほどのつながりなどできているはずもない。

中国が台湾近海でミサイル発射演習をする騒ぎがあった（一九九五〜九六年）ことも、私たちの記憶に新しい。現にアメリカは台湾関係法によって一つの中国と現実との差を埋めているし、日本は交流協会という大使館に準じた組織を特設することによって、台湾と独自の外交を続けている。一方は総選挙によってリーダーを選び、もう一方はリーダー選びのための総選挙など一度もしたことがないというのに、この二つの地域を一つの国と言い張るのは無理というものだ。

中華人民共和国がこれほどのゴリ押しをしてまで靖国参拝に執拗にこだわるのは、もしかしたら一向にケジメのつかない一つの中国論への実績をあげたいからではないか、と私は気をまわすことがある。

東京裁判と無関係の中華人民共和国や韓国は、日本の首相の靖国参拝に悶着をつける「資格がない」ことだけは、ここで繰り返し断言しておきたい。

# 第六部　裁いた側の異色

## パール博士とは

東京裁判で日本を裁いた十一カ国の中で、ただひとり「日本無罪論」を唱えたのがインドのラダビノード・パール博士といわれているが、これはちがう。

博士は日本に対して無罪とはいっていない。

ただしA級戦犯が「平和に対する罪」を犯したとして処刑されたことに、真っ向から反対した。「平和に対する罪」は犯罪ではないというのである。当時の国家にはそれぞれ交戦権があり、他国に対する武力行使を犯罪とする国際法は存在しなかったからだ。これに対して検察側は、日本は不戦条約（筆者註・一九二八年、ケロッグ・ブリアン条約、国策の手段としての戦争放棄）を破ったのだから犯罪に値すると述べたが、パール博士は不戦条約締結以後、第二次大戦までのあいだに条約に違反して武力行使を行ない、犯罪とみなされた例は無いと反論している。

まして、その指導者の個人的責任を問いただした例は皆無だとして、日本のみがこのような法廷に被告として立たされ、罪状を科せられるのは不当だとしたのである。正論というべきだろう。

さらにパール博士は東京裁判の矛盾をもっともはっきりあらわすものとして、日本との間で中立条約を結んでいたソ連が、条約の有効期間であるにもかかわらず（一九四六年四月まで有効）前年の二月に一方的にヤルタ会談で対日参戦を決定した点をつき、そのソ連が東京裁判で日本を裁く権利まで与えられていることの理不尽を、するどく指摘しているのである。

まさに正論であった。

また、東条一派が共同謀議によって一方的に事態を開戦に持ちこんだという論議を頭から否定したのもパール博士で、東条首相は全力を尽くして外交交渉に当たったがアメリカ側はすでに調整不可能の結論を出していたと述べ、あの時点で戦争は避けられないものであったとしている。

つまり太平洋戦争は日本にとっては自衛戦争であったかのように、当時の状況分析をしたのであった。

## 原文「パール判決書第四部　全面的共同謀議」

「一九四一年七月のはるか以前に、アメリカ政府が日米問題の調整は不可能であるとの決定に到達していた（中略）。少なくとも一九四一年三月以来のアメリカ政府の対日措置を考えてみれば、日米両国の政治家なら誰しも右のアメリカの決定について、何ら疑問を有する余地はあり得なかったのである（中略）。東条のような地位にあった人ならば、誰もがある決定に到達すべきであり、かつ勇気をもって自己の信念に確信をもつのが当然であると考えられる（中略）。それはまさに日本の死活の時であったのである。東条をはじめすべての政治家が充分承知していたように、それは国家としての日本の存在自体が深刻な危険にさらされていた時なのである。（東条は）政治家としてその全力を尽くして外交上の処置を継続したが、結局アメリカとの間において名誉ある解決を見るに至らなかった」

---

## 二十年目に世に出た「パール判決書」

博士の労作「パール判決書」は、もちろん法廷で読まれることもなく、占領政策に有害として発禁の扱いを受けている。日本で正式に発刊にこぎつけたのは東京裁判開廷二十周年に当たる一九六六年で、元朝日新聞政治部の佐山高雄記者が発行者となって、東京裁判研究会『共同研究　パール判決書　太平洋戦争の考え方』を刊行して世の注目を浴びた。

パール博士の石碑

現在、靖国神社の境内の遊就館のならびに、パール博士の写真入りの陶板の埋め込まれた石碑が建っている（二〇〇五（平成十七）年六月二十五日設立）。石碑にはパール博士の「意見書の結語」として、

時が熱狂と偏見とを
やわらげた暁には
また理性が虚偽から
その仮面を剝ぎとった暁には
その時こそ正義の女神は
その秤を平衡に保ちながら
過去の賞罰の多くに
そのところを変えることを
要求するであろう

と書かれている。その下に、南部利昭宮司の「頌《しょう》」として、博士が東京裁判を担当した連合国十一カ国の裁判官の中で、唯一人の国際法専門の判事であったと述べている。

あまり知られていないが、若き日のパールは数学を専攻しカレッジで教鞭をとっていたという。のちにカルカッタ大学で法学博士の学位を受け、インド政府の要請により「東京裁判」の判事としてカルカッタ大学副総長を辞して着任した。

当時のインドは正式に独立してはいない（独立は一九四七年八月十五日）。インドとしては東洋の代表として西側諸国に対峙《たいじ》する思いもあったことだろう。余談だが博士は十一人の子持ちで、日本に着任したときに六十歳であった。夫人は病床にあったが大役を担った博士を激励して送り出したという。

「パール判決書」の日本語訳の「刊行のことば」は、かつての東京裁判開廷の当日、つまり五月三日付で書かれている。すでに夫人は亡くなっていたが八十歳の博士はカルカッタに健在で、

「新しい本に、私にもなにか書くようにとの折角のお申し出ですが、残念ながらこれは辞退させて頂きます。私の考えでは、判決書自体が、私がなぜこれを書いたかを、なにより

も示しているからです」
という手紙とともに、成功を祈ると申し添えてきたとのことである。

# 第七部　裁かれた側の異色

## 東条英機とは

A級戦犯のなかでも、とりわけ中国から目の仇《かたき》にされている東条英機元首相とはどんな人物なのか。

まず、日米〝開戦〟のときの首相である。中国が目の仇にする理由は必ずしもはっきりしないが、日中戦争（支那事変）のころ満州国を拠点とする関東軍参謀長の地位にあったのが一因であろうか。略歴は次の通りである。

一八八四（明治十七）年生まれ。東条英教中将の三男。一九一五（大正四）年陸大卒。一九三七（昭和十二）年関東軍参謀長。一九四〇（昭和十五）年陸相。一九四一（昭和十六）年首相。以後内相、陸相、軍需相、参謀総長を兼任。一九四四（昭和十九）年七月予備役。一九四八（昭和二十三）年A級戦犯として処刑。

上記のとおり敗戦の一年前には総辞職して予備役となっているが、A級戦犯の筆頭格とされた。

A級戦犯として処刑されたときに六十三歳で、遺族としてカツ未亡人とともに七人の子どもが残されている。私は東条家に関心をもって調べにかかった時期があるが、戦後に長男は日本船舶振興会に勤務した。同会の笹川良一会長は自身が戦犯容疑者として巣鴨プリズンに拘留されたこともあって特に戦犯への思いが深く、戦犯の未亡人の集いである〝白菊遺族会〟への後援、協力などを惜しまなかったから、A級戦犯の長男として白眼視されている人をあえて迎えたのであろう。次男はよく知られている通り三菱自動車の社長をつとめ、三男は航空自衛隊の空将補として戦後の社会で地位を得た。長女はカツ未亡人を支えて長い間独身であったが、妻に先立たれた自衛隊陸幕長の後妻となって未亡人を安心させたと聞いている。次女の夫は「日本のいちばん長い日」といわれた敗戦の日に、敗戦の詔勅を吹き込んだ天皇の玉音放送の発表を阻止《そし》しようとし、その責任をとって割腹自決した古賀秀正少佐である。私が面談したとき次女は再婚して家裁の調停委員の職についていた。私は主として次女から東条家の話を聞いたのだが、古賀少佐自決の電話を受けた東条元首相は、

「わかりました。いろいろお世話様でした」

と驚くほど冷静で、そのあと次女に向かって、

「古賀が帰ってくる。自決したらしい。いいね」

とだけいったという。三女は東映映画「大日本帝国」などの製作にたずさわったフリー

の映画監督夫人、四女は戦後アメリカに留学してアメリカ人の妻となっている。周囲では東京裁判で父親をあれほど苦しめたアメリカ人に嫁ぐことに反対する声が高かったというが、カツ未亡人が快く許したと聞いた。もっとも相手は航空機事故で夫人と子どもを同時に亡くした人だったというから、本人同士は戦争とは無関係の絆で結ばれたのであろう。いずれにせよ、東条家の家族はその人生に日本の敗戦を直《じか》に受け入れたはずである。

## 実務能力

次女から聞いた話を総合すると、東条元首相は優れた実務能力の持ち主という印象を受けた。敗戦から九月十一日逮捕までのほぼ一カ月の間に、まず三男を独身の長女の養子とする手続きをとっている。当時二十七歳の東条家の長女に対して、父親としては生涯独身を余儀なくされるだろうと判断して三男に長女の将来を託したものと思われる。そのあと、三女と四女をカツ夫人の弟に当たる人の養女として入籍させた。東条という名前が将来、娘たちを煩《わずら》わすことのないように、カツ夫人の実家の姓を名乗らせたのである。

さらに加えて長年交際のあった人々の名簿を、惜しげもなく焼却したという。カツ夫人が止めたが東条は、

「必要ない。これからは向こうから声をかけて下さる人とのみ付き合えばいい」

と答えたとのことだ。

巣鴨プリズンでは、所長のモーリス・ハンドワーク大佐に対して、アメリカとちがって現在の日本は貧しいのだからと前置きし、

「(拘留中の者の家族が)飯の食える方法を考えてもらいたい。具体的にいえば、ここで働いている毎日の労賃を家族に渡すことですね」

と、かっての部下たちの労働賃金の保証を申し出たのは東条元首相であったと、実際に私は教誨師の花山師から聞いたし、花山師の著書にも記録されている(『平和の発見』)。もっともアメリカ側の所長は、

「それは私の関与するところではない。上官の命に従ってやっていることである」

として取りあわなかったと聞いている。余談だが花山師の著書によると当時の東条の服装は「開衿の作業衣のようなものの上に、長い紫色のガウンを着て、クツ下に下駄」だったという。

「細かいところに、実にマメに気を配る人でした」

とは花山師の東条観である。花山師によれば、東条家は父方が神道、母方は仏教(真

宗）とのことだ。

## 無言の制裁

私は花山師が息を引き取るまで都下の老人病院を訪ねて話を聞いたが、あるとき巣鴨プリズンの歯科医が、

「東条の歯にR・P・Hと彫り込んでやった」

と洩らしていたという。リメンバー・パール・ハーバーの頭文字である。処刑後に遺品として届いた入れ歯に、その文字があるかどうかを花山師がカツ未亡人に問い合わせたところ、

「あります、あります」

と返事が返ってきたとのことだ。当時の戦犯に対するアメリカ側の扱いを想像させられる。

東京・世田谷区の用賀にあった東条家が売却される前に、私は次女の了解を得て訪問した。八百坪ほどの敷地に戦時中に坪数制限を受けて建築したという木造二階建てで、玄関脇の十畳ほどの応接間は〝東条逮捕〟の日にアメリカの憲兵らが押しかけた場所だ。東条

元首相は彼らに向かって窓越しに、

「逮捕状はあるか。窓にまわって見せなさい」

といって、それを確認したあと彼はピストルを心臓に向けたが、娘婿《むこ》の古賀少佐の形見のピストルを使ったため手もとがくるって未遂に終わった、とは次女の弁である。正面に油絵で等身大の軍服姿の東条大将の肖像画が掲げてあり、片隅の机の前には、

寒月や　幾夜照らして　今ここに

と巣鴨プリズンでの辞世の句が飾ってあった。

東条については、悪質な戦争遂行者で多くの日本兵の運命を狂わせて自省の念すら無かったようにいわれているが、遺書には、

「今回の刑死は、個人的には慰められておるが、国内的の自らの責任は死を以て償《つぐな》えるものではない」

とあった。続いて、

「しかし国際的の犯罪としては、無罪を主張した。いまも同感である。ただ力の前に屈伏

した（中略）。此の裁判は結局は政治裁判に終った。勝者の裁判たる性質を脱却《だっきゃく》せぬ」

と書き残している。

余談だが、A級戦犯が処刑されたときに日本にはすでに新憲法が施行されていたが、例の戦争放棄をうたった第九条に対して、

「これは賢明であったと思う。しかし世界全国家が全面的に武装を排除するならばよい。然らざれば、盗人が跋扈《ばっこ》する形となる（泥棒がまだ居るのに警察をやめるようなものである）」

と含蓄《がんちく》のある感想を記して世を去っている。

東条英機

東京裁判の法廷では、戦勝国が特にひどい言辞をもって東条を迎えたようだ。ドキュメント映画によれば、アメリカのキーナン検事は冒頭で、

「被告、東条！」

と呼び捨てにしたあと、日本に陸軍がなく

なった以上、肩書はないはずだとわざわざ付け加えているのだ。のみならず、「この宣誓供述書の目的は、あなたが自分の無実を主張し、それをこの法廷で明白にするためか。それとも、日本国民に向かい帝国主義、軍国主義の宣伝を、なお継続せんとする意図にあるのか」（映画「東京裁判」）

などと問いかけたりした。さすがにこれは弁護士から質問が適切でないとクレームがついて却下されたが、一般に〝犯罪者〟が不当にさらし者になった場合「すでに社会的制裁を受けている」として、判決内容が情状酌量されるケースがあるのを想起せずにはいられない。

ところで、中国のみならず東条元首相を蛇蝎《だかつ》のごとく嫌う人々は日本にも多い。私自身、かなり強引な人柄だろうという印象は受けていた。

たとえばジャーナリストで政治家の中野正剛が、一九四三（昭和十八）年元旦に朝日新聞第一面に書いた「戦時宰相論《さいしょうろん》」が気に入らぬといって、東条は新聞の発売を禁止している。その年の十月に中野は倒閣運動の容疑を受けて拘引され、帰宅して割腹自殺をしたのが二十七日早朝に発見された。

「戦時宰相論」のしめくくりには、日露戦争当時の桂太郎元首相を引き合いにしながら、桂は山県有朋、伊藤博文など錚々《そうそう》たる先人のもとで一見貫禄のない首相に見えたが、外相に小村寿太郎、陸海軍に大山巌、児玉源太郎、山本権兵衛など幅広く人材を登用している し、民衆が敵愾《てきがい》心を持て余して日比谷の焼き討ち事件をおこしたときは会心の笑みを漏《も》らしたと述べ、宰相たるもの絶対に強く、気宇《きう》宏大《こうだい》でなければならぬと書いてある。

かりに東条に対する皮肉をこめたにしても発売禁止にするほどのことはないように思われたが、事実これがもとで中野は拘引され自殺したほどだから、東条の独善は想像できる。ただし、いかなる場合も時流を無視するわけにはいかず、新聞も発禁を命じられれば、たちどころにしたがうほど、国をあげての問答無用時代だったのも見逃せない。

また一九四一（昭和十六）年十月、東条は首相に就任したときに内務大臣と陸軍大臣を兼任し、さらに外務大臣をも担当したあと、中野正剛が「戦時宰相論」を書いた年にはまるであてつけるように文部大臣、商工大臣、軍需大臣などを歴任している。これを見ると開戦のみならず、戦火たけなわになったころの攻守もすべて東条の過信による独断専行に思われるが、最近発売された清瀬一郎主任弁護士が東京裁判での東条の発言をまとめた「東条英機宣誓供述書」（『大東亜戦争の真実』）によると、東条としては「組閣の大命を拝する」など「思いも及ばぬこと」で、近衛内閣の後継は東久邇宮内閣でなければ時局の収拾はつかぬと思っていたと述べている。これを裏付けるかのように、一九八三（昭和五十八）年に映画「東京裁判」を完成させた小林正樹監督は、

「東条さんについては数多くのフィルムを見ていて感じたことがある。一つは首相に決まった時、いかにも自信のない顔をしていたこと」

と語っていた（「毎日グラフ」一九八三〈昭和五十八〉年八月二十一日号）。人間の表情をとらえる仕事にたずさわっている人の言葉として聞き逃せない。

## 天皇を戦犯指名から守る

東京裁判の法廷で、ウェッブ裁判長は天皇を戦争犯罪人に指名することを望み、キーナン検事は天皇を戦犯指名から免《まぬが》れさせたいと思っていたことは、すでに述べた。当然のことながら日本は天皇を戦犯として指名されたくない。裁判長の意志に抗して、天皇が戦犯指名を免れるよう守る役目が東条に委《ゆだ》ねられたこともよく知られている通りである。

そしてその役目を、東条は東京裁判法廷で見事に果たしたのであった。

戦争は天皇の意志で始まったのかというキーナン検事の問い掛けに答えて東条は、天皇は最後の一瞬まで平和愛好の精神をもっていたが、しぶしぶ御同意になったとして、その

御意志は「宣戦の詔勅」の第三項に「朕《ちん》の意志にあらずという御意味の御言葉」（筆者註・「豈《あに》朕ガ志ナラムヤ」）が書かれていると述べている。敗戦日本の空気を多少なりとも知っている私の立場からすると、もし天皇が戦犯となった場合、日本は騒乱《そうらん》の渦に巻き込まれたであろうと思うにつけても、あの時点で東条がどれほど日本にとって重大な役目を果たしたことかと考えずにいられない。

一九四七（昭和二十二）年十二月二十六日以来、八日間にわたった東条尋問が終わったあと、朝日新聞の天声人語はさっそくこれを取り上げた。まず「東条被告は『首相として戦争を起したことは道徳的にも法律的にも正しかった』と答えている」と冒頭にかかげ、何を言おうとかまわないし、われわれは東条の言辞を相手に論争しようとは思わないが、「問題は、東条の陳述に国民がどんな反応を起すか」であり、「諸外国の注意もそこにある」と述べていた。つづいて、

「このごろ電車の中などで『東条は人気を取りもどしたね』などと言うのを耳にすることがある。本社への投書などにも東条礼賛《らいさん》のものを時に見受ける」（昭和二十三年一月八日）。

とあるのだ。締めくくりは朝日らしく、大部分の国民はいまさら「東条の迷句に酔う」

とは思わないが「東条陳述共鳴の気分が隠見《いんけん》していることは見のがしてはならない」と批判し、それは「民主主義のプールに飛込んだはずの水泳選手が、開戦前の侵略的飛込台に逆もどりするにひとしい」としている。ともあれ東条の供述は、一部の国民の支持を得ていたものと推察されよう。

同日付で、外国記者団の求めに応じた東条が、証言を述べた心境を次のように公表したのも実に興味深い。

「この際特に申上げることはありませんが、私の心境はたんたんたるものでただ私は靖国神社の祭霊と戦争により戦災をこうむられた方々の心になって述べたつもりです（中略）。もし私にここで希望をいうことが許されるならば（中略）、この裁判の事件は昭和三年来の事柄に限って審理しているが（中略）、少くとも阿片戦争までにさかのぼって調査されたら事件の原因結果がよく判ると思う（後略）」

いうまでもなく阿片戦争とは、清朝時代の阿片輸入禁止に対してイギリスが仕掛けた侵略戦争で、外国記者団にとって痛烈な皮肉であったろう。これだけではない。

「戦争にしろ外交にしろすべて相手のあることであり相手の人々、相手の政府と共に審理の対象となったならば事件の本質は一層明確になるでしょう」

と、東条は勝者による敗者の裁きの不当をついていた。

## 東条見直し論

映画「東京裁判」が封切られてからは、フィルムが伝える裁判の不公正と処刑後三十五年という年月が幸いしてか、東条に対する見方にさらに変化がでてきたようだ。

「毎日グラフ」では、映画と時を合わせて「未公開写真一挙掲載　あのころの東条英機」の特集を組み、柏木辰興記者が「高まる東条英機の『見直し論』」と題して実に含蓄のある文章を寄せていた。少し長いが引用しておこう。

---

**原文　毎日グラフ（一九八三〈昭和五十八〉年八月二十一日号）**

Ａ級戦犯として絞首刑になった東条英機を見直す機運が強まっている。戦史専門家の間でも、東条は首相になって対米戦回避に尽力しており生硬《せいこう》な主戦論者ではないとか、当時は天皇、統帥《とうすい》部の強い権限があり、独裁者ではあり得なかった、などというものだ。

確かに日本はすでに満州に侵略、戦争の泥沼化に突き進んでおり、しかも米英などの経済封鎖や外交の回路を失いにっちもさっちもいかないまでに追い込まれていた。

〝見直し派〟はあの昭和十六年の開戦前夜では誰が首相になっても開戦は避けられなかったとみる。日本は当時スケープゴートを必要としており、単純で律義な東条はそのもっとも手頃な候補者であったという冷徹な見方もある（中略）。

映画「東京裁判」が話題を呼んでいる。同裁判は戦勝国による一方的な断罪であり不公平だとの見方は当時からあるが、映画を観た人たちの中にも製作側の意図とは別に裁判に怒りを感じた人も少なくないかもしれない。

だが、東条らに戦争責任がなく「無罪」だとしたらいったいどうなるのか（中略）。戦勝国による裁判うんぬんはともかく指導者がけじめをつけずにはすまなかっただろう。

東条内閣の成立を伝えた当時の新聞は「一億国民の総司令官、東条さんしっかり頼みます」「実行家のカミソリ宰相に期待」などの見出しが躍っていた。田中角栄を「今太閤《いまたいこう》」「学歴なしの庶民宰相」と持ち上げた比ではない。どこぞの政党は別としてマスコミ、文化人、財界をはじめ国民こぞってが東条に期待、戦意高揚を助けた。

東京裁判の判決から三十五年。あの戦争は東条ら指導部の責任というだけでなく

──〝一億総懺悔《ざんげ》〟すべきはずのものだ。

すでにA級戦犯東条のイメージは国内外で悪玉として固定した感があるが、これらの記事を読むにつけても私には東条は端倪《たんげい》すべからざる（奥行きがどこまで深いか、はかりしれない）人物に思われるし、悪玉として固定するだけでは済まされない問題があるように思われる。

# 第八部　戦犯問題、ここがポイント

## 独立と同時に日本が行なった靖国参拝

サンフランシスコのオペラ劇場で対日平和条約が調印されたのは、一九五一（昭和二十六）年九月八日である。

晴れて独立した日本は、いの一番に何をしたか。

靖国参拝である。

吉田茂首相が閣僚と衆参両議長を引き連れて靖国神社に向かったのは、サンフランシスコ平和条約調印の日からわずか一カ月と十日後、秋の例大祭の十月十八日であった。

これが戦後初の靖国公式参拝で、日本政府が独立を待ちかねたように起こした行動が靖国参拝であったことを、中華人民共和国も、日本で国立追悼施設を考えている超党派の議員連盟の面々も胸に刻み込むがいい。

中国もいまごろになって、これほど執拗に靖国参拝に異議をのべたてるなら、なぜ早くからいわないのかと逆襲したいところだが、おそらくここを突かれると中国は返事に困るにちがいない。すでに述べた通り、A級戦犯の処刑は一九四八（昭和二十三）年十二月二十三日である。毛沢東主席による中華人民共和国の成立は一九四九年十月一日であった。

つまり中華人民共和国は建国二年目のあわただしさの中で、日本の首相の靖国参拝など無関心であったのだろう。それを半世紀も経過したいまになって、なぜこれほどまでにして糾弾《きゅうだん》せねばならないのか、常識レベルで判断して理解に苦しむ。もし日本のA級戦犯を完膚《かんぷ》なきまでに抹殺《まっさつ》しなければ、自国内の反日勢力が納得しないというなら、国家として国内世論に対する公正な解決策を見出すべきで、いわば国内問題ではないか。

自国の民衆が納得しないからといって、いきなり問題を他国に持ち込んで、両国間の歴史認識の問題に結びつけて他国に謝罪と反省を迫るというのは、どう考えても設定に無理があり論理として無茶だ。

## サンフランシスコ平和条約第十一条の誤訳

戦犯問題に関する肝心な取決めはサンフランシスコ平和条約第十一条に書かれている。これを了承して日本は占領六年目に独立したのであった。第十一条の取決めは大きく分けて二つある。

その一つは、日本は戦争裁判の〝判決〟を受け入れるべしということであった。

ところが、この取決めに関する核心の部分で当初、日本は重大な過失をおかしている。

判決の部分を〝裁判〟と誤訳したのだ。いまでも私の手もとの『六法全書』(平成九年版有斐閣)などは誤訳のままだが、これが誤訳だったことはすでに通説になっている。原文はジャッジメンツとなっているから、当然のことながら〝裁判〟の内容ではなく〝判決〟を認めよということになる。

〝判決〟と〝裁判〟とではどう違うか。

判決を受け入れるべしという場合、たとえばA級戦犯らの処刑に対し、さかのぼってクレームをつけてはならないということになる。事実上、処刑が行なわれた場合は受け入れるも受け入れないも、取返しがつかない。

しかし〝裁判〟を受け入れるべしとなると、話がちがう。戦勝国が敗戦国を裁いたあの裁判の理不尽な報復の構図を認めろということになり、日本は未来永劫《えいごう》にわたって東京裁判の内容について異論をはさめないことになる。

残念ながら戦後四十年近く、誤訳にしたがって日本ではあの〝裁判〟を正当なものとして受け入れねばならぬかのように取り沙汰され、戦勝国の行なった裁判について一切批判、糾弾することはならぬといわんばかりの受け取り方をしてきた時期があった。

たとえば後藤田正晴官房長官は談話として(昭和六十一年八月十四日)、

「……靖国神社がいわゆるA級戦犯を合祀していること等もあって（中略）、近隣諸国の国民の間に、そのような我が国の行為に責任を有するA級戦犯に対して礼拝したのではないかとの批判を生み（中略）、平和友好への決意に対する誤解と不信さえ生まれるおそれがある（後略）」

などと発言し、中曾根首相の靖国参拝を取りやめた。

あの裁判の不当性について未来永劫にわたって反論できぬような、肝心なポイントでの誤訳に日本はなぜ気づかなかったのかと疑問がわくが、当時の日本にはサンフランシスコ平和条約を受け入れないかぎり独立できないという焦《あせ》りがあって、論議の詳細は後回しにしたとしか考えられない。

いまなら肝心なポイントに神経をとがらせ、たちどころに訂正するだろう。

一九八六（昭和六十一）年八月二十四日から一週間、韓国・ソウルで国際法学会が開催された。日本からは青山学院大学の佐藤和男教授が参加しているが、当日の結論として、サンフランシスコ平和条約第十一条は、

「日本政府による刑の執行の停止を阻止することを狙ったもので（筆者註・独立と同時に日本の独断で受刑者を釈放せぬよう狙ったもの）、対日平和条約成立後に日本政府がいつま

サンシャイン60のすぐそば、絞首台のあった地に
建てられた「永久平和を願って」の石碑

でも東京裁判の正当性を認め続けるよう義務づけたものではない」と発表し、これが今日の国際法学界の常識になっている（『〝A級戦犯〟とは何だ!・』）。ソウルでの国際法学会の発表もあって、いまでは〝裁判〟ではなく〝判決〟を受け入れるという正訳が普及しているし、判決の正否については蒸し返さず、戦犯裁判そのものの不当性について自由に討議できる。

ところで、もう一つの取決めは、独立日本として巣鴨プリズンに拘留されている戦犯を釈放する場合の手続きについてであった。独立日本として、自らの手で戦犯を釈放するのは当然だが、その場合も裁判の当事国の了解を得るように、ということになっていたのである。

すでに述べたとおり朝鮮戦争以後、日本国内では戦犯として拘留《こうりゅう》された人のなかで処刑されたケースは皆無だったし、サンフランシスコ平和条約締結後にはフィリピンのモンテンルパやオーストラリアのマヌス島から、それまで戦犯として拘留されていた日本人が続々帰国している。帰国後は引続き巣鴨プリズンに収容されたから、独立後とはいえ、巣鴨には千人ほどの戦犯が拘留されることになった。

日本としては、もちろん勝手な行動をとっていない。サンフランシスコ平和条約第十一条の規定通り関係諸国の了解を求め、結果として日本の手で次々と戦犯を釈放して一九五八（昭和三十三）年に巣鴨プリズンは閉鎖されている。

## 原文　対日平和条約第十一条

日本国は、極東国際軍事裁判所並びに日本国内及び国外の他の連合国戦争犯罪法廷の裁判（筆者註・判決の誤訳）を受諾し、且つ、日本国で拘禁されている日本国民にこれらの法廷が課した刑を執行するものとする。これらの拘禁されている者を赦免し、減刑し、及び仮出獄させる権限は、各事件について刑を課した一又は二以上の政府の決定及び日本国の勧告に基く場合の外、行使することができない。

巣鴨プリズンの跡地には現在、サンシャイン60というビルが建っており、かたわらの東池袋中央公園の片隅には「永久平和を願って」と刻んだ石碑がある。石碑の裏側に、「第二次世界大戦後、東京市谷において極東国際軍事裁判所が課した刑及び他の連合国戦争犯罪法廷が課した一部の刑が、この地で執行された。

戦争による悲劇を再びくりかえさないため、この地を前述の遺跡とし、この碑を建立する。

昭和五十五年六月」

とある通り、ここはかつて絞首台のあった場所だ。私は通るたびに拝礼しているが、誰が供えるのか花が絶えたことがない。

## 中国にはA級戦犯に関する発言権なしとした平和条約

かくて連合国四十八カ国と日本との合計四十九カ国が、サンフランシスコ平和条約に署名、批准し、晴れて日本は独立にこぎつけた。

参考までに四十九カ国とは次の国々である。

アルゼンチン、オーストラリア、ベルギー、ボリヴィア、ブラジル、カンボジア、カナダ、セイロン、チリ、コロンビア、コスタリカ、キューバ、ドミニカ、エクアドル、エジプト、エル・サルヴァドル、エチオピア、フランス、ギリシャ、グアテマラ、ハイチ、ホンデュラス、インドネシア、イラン、イラク、ラオス、レバノン、リベリア、ルクセンブルグ、メキシコ、オランダ、ニュージーランド、ニカラグア、ノルウェー、パキスタン、パナマ、パラグアイ、ペルー、フィリピン、サウジ・アラビア、シリア、トルコ、南アフリカ連邦、

イギリス、アメリカ、ウルグアイ、ヴェネズエラ、ヴェトナム、日本

以上の通り、この平和条約締結に中華人民共和国も中華民国（台湾）も韓国も参加していない。二つの中国の代表権問題でアメリカとイギリスの意見が一致しなかったため、大陸側も台湾側も招集されなかったのである。

これだけではない。さらに注目すべき問題は、サンフランシスコ平和条約第二十五条だ。ここには、この条約に署名、批准していない国には、この条約に関するいかなる権利も権限も与えないと明記されている。だとすれば、何を根拠に中・韓はA級戦犯にまつわる靖国参拝にくちばしを入れるのであろうか。

中国も韓国も、あの時点でサンフランシスコ平和条約の門外漢だったのだから、A級戦犯およびそれにまつわる靖国問題に対する発言権はまったくない。いわば発言失格国である。

戦犯に対する取決めに参加できなかったばかりか、条約によれば署名も批准もしなかった国には「いかなる権利も権原（限）も与えない」とし、さらにこれらの国々によって日本の権利が「減損され、害されるものではない」とまで書かれている。こうして当時、ことさらに平和条約締結の場から外されていた国々のクレームを、日本はなぜ、いまになっ

てまともに相手にするのか。言わずもがなのことをあえて言うなら、すでに日本は中国に三兆円のＯＤＡ（政府開発援助）を行ない、二〇〇八年北京オリンピックまで援助を継続することになっている。

---

**原文　対日平和条約第二十五条**

この条約の適用上、連合国とは（中略）、当該国がこの条約に署名し且つこれを批准したことを条件とする（中略）。ここに定義された連合国の一国でないいずれの国に対しても、いかなる権利、権原又は利益も与えるものではない。また、日本国のいかなる権利、権原又は利益も、この条約のいかなる規定によっても前記のとおり定義された連合国の一国でない国のために減損され、又は害されるものとみなしてはならない。

# 第九部　日本から戦犯が消えた日

## 国会で戦犯は犯罪人ではなく愛国者と

サンフランシスコ平和条約に調印したのが一九五一（昭和二十六）年九月八日、これが発効した一九五二（昭和二十七）年四月二十八日を機に、日本政府は先ず何に手をつけたか。

条約発効二日後の四月三十日の国会で、早くも「戦傷病者戦没者遺族等援護法」を成立させた。これは読んで字の通り、戦場で傷ついたり病気をしたのがもとで亡くなった人、および戦死者の遺族に遺族年金を保障するということを取り決めた法である。

従来の軍人恩給の復活と考えれば当然のことだが、実はこのあと日本政府は大英断を下したのであった。翌一九五三（昭和二十八）年八月一日に、前記「戦傷病者戦没者遺族等援護法」の一部改正を行なって戦犯にもこの法律を適用し、戦犯の遺族に同等の遺族年金および弔慰金を支給することを決定したのである。自由党、改進党、左右両派社会党など全会一致で改正に賛成した。

つまり、この時点で戦勝国がどんな決定を下そうとも、独立日本政府としては戦死も戦傷病死も戦犯による刑死も、すべて国家のために犠牲になったとして、厚生大臣の認定により、その扱いに一切の差をつけないと決定したのである（援護法附則第二十項）。

いい換えればここで、日本から戦犯という存在はなくなったと見てよい。戦犯処刑という言葉は消えて、公文書では「法務死」と書かれるようになった。

さらに翌一九五四（昭和二十九）年六月三十日には恩給法の改正によって、戦犯として処刑される以前の拘留中に獄死した人も、その遺族たちに同様の保障が約束されたのである。

もっとも、日本の識者のなかには、援護法の改正によって戦犯の遺族に年金を支給するようになったのは、日本政府が一家の柱を失った戦犯の遺族たちの極端な生活困窮ぶりを見かねたからだと、およそ当時の緊張した国会討論を無視したかのような発言をした人もいる（NHK日曜討論）。後藤田正晴官房長官が生前に法律制定当時をこう述懐していたというのが論拠だったが、もし事実としてそんな述懐をしたとすれば間違いである。

当時の日本の状況を考えると「戦傷病者戦没者遺族等援護法」というのは、そのような生やさしい判断の下に制定された法律とは到底思えない。生活費補塡《ほてん》の為だけなら生活困窮者援護の諸法を適用すればいいはずで、戦死者も戦傷病死者も戦犯刑死者も、その遺族を等しく援護する法律が制定されたのは、国家として切実な大前提があってのことだ。

当時の国会の議事録には、戦犯は戦勝国からみれば犯罪人であろうが、日本にとっては犠牲者だという発言が繰り返されている。余談だが、内大臣だった木戸幸一の『木戸幸一日記』によれば、昭和二十年十二月六日、戦犯容疑者として逮捕状の出た木戸氏は昭和天皇から夕食に誘われている。木戸氏が戦犯容疑者指名を理由に辞退したところ天皇は、「米国より見れば犯罪人ならんも、我国にとりては功労者なり」

といわれたという（十二月十日の日記）。

かくて独立日本は、戦犯に対して国を守った人としての揺るぎない位置づけを行なったのであった。

---

**原文　昭和二十六年十一月十三日　参議院討議**

鬼丸義齊　「戦争犯罪人」というものはどんなものを一体指すことに解しておられるかということを先ず伺いたいのであります。
国務大臣・大橋武夫　戦争犯罪なるものは、これは国内法上におきまする犯罪と観念すべきものでは私はなかろうと思います。これは国内法におきましては、飽くまで犯罪者ではない。従い《ママ》て国内法の適用におきまして、これを犯罪者と扱うということは、如何なる意味においても適当でないと思うのであります。

鬼丸義齊　今国際裁判において裁判を受けて有罪の判決を受けておるものは、日本政府の見解としては、日本国の立場から行くならば、それは犯罪ではないのだ、いわゆる犯罪じゃないのだということは、只今総裁の明言せられたところによって明白になったのであります（中略）。日本国憲法中において犯罪者でないものが、いわゆる刑の執行を受けるはずはございません（中略）。実はこれまで裁判を受けましたる各個の事件につきましても（中略）これは憎むべきものでなくして、むしろ憐れむべきものである。いわゆる国の愛国者である。その愛国者に対して鞭を与えるということは無理ではないか（後略）。

**原文　昭和二十八年七月九日　衆議院討議**

青柳一郎　（前略）戦犯者は戦争に際して国策に従って行動して国に忠誠を尽し、たまたま執行しました公務のある事項が、不幸にして敵の手によってまたは処置によって生命を奪われた方々であります（中略）。恩給法の対象になり得ない場合には、せ

—めてこの援護法の対象といたしたいのでございます（後略）。

援護法の一部改正については、戦後初の総選挙で日本にはじめて誕生した婦人議員が特に熱心で、山下春江、堤ツルヨ議員などが国会で次々に発言し、法案を通す大きな力となっている。

**原文　昭和二十八年七月九日　衆議院討議**

堤ツルヨ　（戦犯として拘留中の留守家族に援護法を適用することになったが）早く殺され（筆者註・処刑）たがために、獄死をされたがために、国家の補償を留守家族が受けられない。しかもその英霊は靖国神社の中にさえも入れてもらえないというようなことを今日遺族は非常に嘆いておられます（中略）。処刑、獄死された方々の遺族が扱われるのは当然であると思います（中略）。

A級について私もただしましたところ、A級を含めてこれを扱ってくれということが不可能ならば、A級は辛抱するからA級の指揮棒によって動いたBC級をせめて救ってくれという悲しい叫びをあげておられます（中略）。

解決を願いたいということをさらにつけ加えておきたいと思います（筆者註・この意見は取り入れられて、「戦傷病者戦没者遺族等援護法の一部改正」と同時に、A、B、C級処刑者、獄中死者の遺族に援護法が適用されることになった。また、その後、戦犯は靖国に合祀されることにもなった）。

## 戦死、戦傷病死、戦犯刑死を平等に扱った援護法

実は「戦傷病者戦没者遺族等援護法」を制定することによって、日本政府は着実に独立日本としての姿勢を取り戻していたのである。援護法制定と以後の処理に関して、当時の日本政府の周到さに私はあらためて敬服するのみだ。

恩給法第九条によれば「死刑又は無期若《も》しくは三年を超ゆる懲役若は禁錮《きんこ》の刑」に処された者は、恩給権が消滅すると決められていた。したがって文字通りに解釈すると、戦犯として死刑に処された者は恩給が受けられないことになりかねない。だが援護法の適用に当たって、戦犯刑死という言葉を一掃して「法務死」と呼び変えたことにより、戦犯として死刑となった者も事務手続き上なんら問題なく、恩給の支給対象となったのである。遺族たちにはすんなり遺族年金が支給される結果となった。いわばお役所仕事の妙を心得た役人

たちが、遺憾なく能力を発揮して国家的犠牲者の遺族を救ったといってよいだろう。

同時に、戦犯刑死者の靖国神社合祀となれば問題が起きたかも知れぬが、これも国家で法務死と規定した以上、支障《ししょう》ないことになる。つまり、靖国神社に祀られたのは「戦犯」ではなく、「法務死」をされた方々だと位置づけたことによって、問題解決の糸口がつかめたのであった（靖国神社側は「昭和殉難者」と独自に命名）。

しかも援護法制定のあと、衆議院本会議で戦犯の赦免に関する決議（「戦争犯罪による受刑者の釈放等に関する決議案」）が可決し、すでに述べた通りサンフランシスコ平和条約第十一条の規定にしたがって関係諸国の了解を得た日本は、自国の手で晴れて戦犯の赦免にこぎつけて巣鴨プリズンを閉鎖したのである。翌年、ＢＣ級戦犯は靖国に合祀された。

---

**原文　昭和二十八年八月三日　衆議院本会議**

**戦争犯罪による受刑者の赦免に関する決議**

……独立後すでに十五箇月を経過したが、国民の悲願である戦争犯罪による受刑者の全面赦免を見るに至らないことは、もはや国民の感情に堪えがたいものがあり、国際友好の上より誠に遺憾とするところである。しかしながら、講和条約発効以来戦犯処理の推移を顧《かえり》みるに、中国（筆者註・現在の中華民国〔台湾〕）は昨年八月日華条約発効と同時に全員赦免を断行し、（その他各国の例をあげているが中略）謝意を表するものである。（中略）われわれは、この際関係各国に対して、わが国の完全独立のためにも、将又《はたまた》世界平和、国家親交のためにも、すみやかに問題の全面的解決を計るべきことを喫緊《きっきん》の要事《ようじ》と確信するものである（後略）。

ともあれ、以上のような諸般の経緯を併せて考えると、戦犯の問題は日本の総力をあげて昭和二十八年、すなわち独立二年目にすべて解決済といってよい。

いまさら、正当な根拠もなく感覚的な言いがかりのみで、日本の首相の靖国参拝に対する姿勢を殊更《ことさら》にあげつらうのは、中国の日本に対するいわれなき蔑視《べっし》、あるいは何らかの悪意に満ちた意図があると疑わざるを得ない。

**原文　昭和二十七年十二月九日　衆議院討議**

山下春江　パール博士は、去る十一月十一日に、巣鴨の拘置所において、戦犯に対して（中略）「法律家の中には、連合国のつくった法は、敗者である皆さんのみを対象としたものであって、彼ら自身もしくは一般人類に適用されないものであるということを告白している（中略）。ここにおられる皆さんは可能なる最悪の不公正の犠牲者である（中略）。連合国は一体どこから権利を得てこれらの法律をつくり、それを適用し、それによって判決を下し得たのであろうか」というあいさつをされておるのであります。

占領中、戦犯裁判の実相は、ことさらに隠蔽《いんぺい》されましてその真相を報道したり、あるいはこれを批判することは、かたく禁ぜられて参りました。当時報道されましたものは、裁判がいかに公平に行われ、戦争犯罪者はいかに正義人道に反した不運残虐《ざんぎゃく》の徒《と》であり、正義人道の敵として憎むべきものであるかという、一方的の宣伝のみでございました。（中略）。年の瀬を控えまして、八度目の正月を獄舎に迎えんとする父と、ふるさとにさびしくも悲しく父を待つ妻と子らの上に明るい喜びをもたらす糸口となりますよう、本決議案（筆者註・戦犯の釈放等に関する決議案）に対して衷心より賛意《さんい》を表し（中略）、すみやかに解決せられんことを念願いたすものでございます（拍手）。

**原文　同日　衆議院討議**

古屋貞雄　世界の残虐な歴史の中に、最も忘れることのできない歴史の一ページを創造いたしたものは、すなわち広島における、あるいは長崎における、あの残虐な行為であって、われわれはこれを忘れることはできません（拍手）。この世界人類の中で最も残虐であった広島、長崎の残虐行為をよそにして、これに比較するならば問題にならぬような理由をもって戦犯を処分することは、断じてわが日本国民の承服しないところであります（中略）。われわれ全国民は、これらの人々の即時釈放を要求してやまないのでございます。

このあと大野伴睦《ばんぼく》議長の採決によって、議案は起立多数によって可決した。

**発売された戦犯の遺書集『世紀の遺書』**

この年の八月十五日付で『世紀の遺書』が上梓された（発行は十二月一日）。国内外で処刑されたA、B、C級千六十八人すべての戦犯の名前と、集められるかぎりの遺書を集めたものである。

外地で処刑された人の遺書は教誨師として日本から派遣された僧侶がコヨリに縒《よ》って袈《け》裟《さ》の縫目に隠して持ちかえったり、戦友がひそかに手荷物の中にしのばせたりしてきたもので、これらを一冊にまとめたのであった。外函は東山魁夷《かいい》画伯、装丁は中村岳陵《がくりょう》画伯という上製本で、当時の金額で一冊千円である。編集と発行は巣鴨遺書編纂《へんさん》会となっているが、実質的には千葉県下総中山の旧家の中村勝五郎氏が中心となり、生き残りの戦犯有志の協力によって完成した。中村勝五郎氏は競馬界の発展にも貢献して、中山競馬場には作家の吉川英治の「頌」とともに中村氏の銅像が建っている。

丸の内にある「アガペの像」

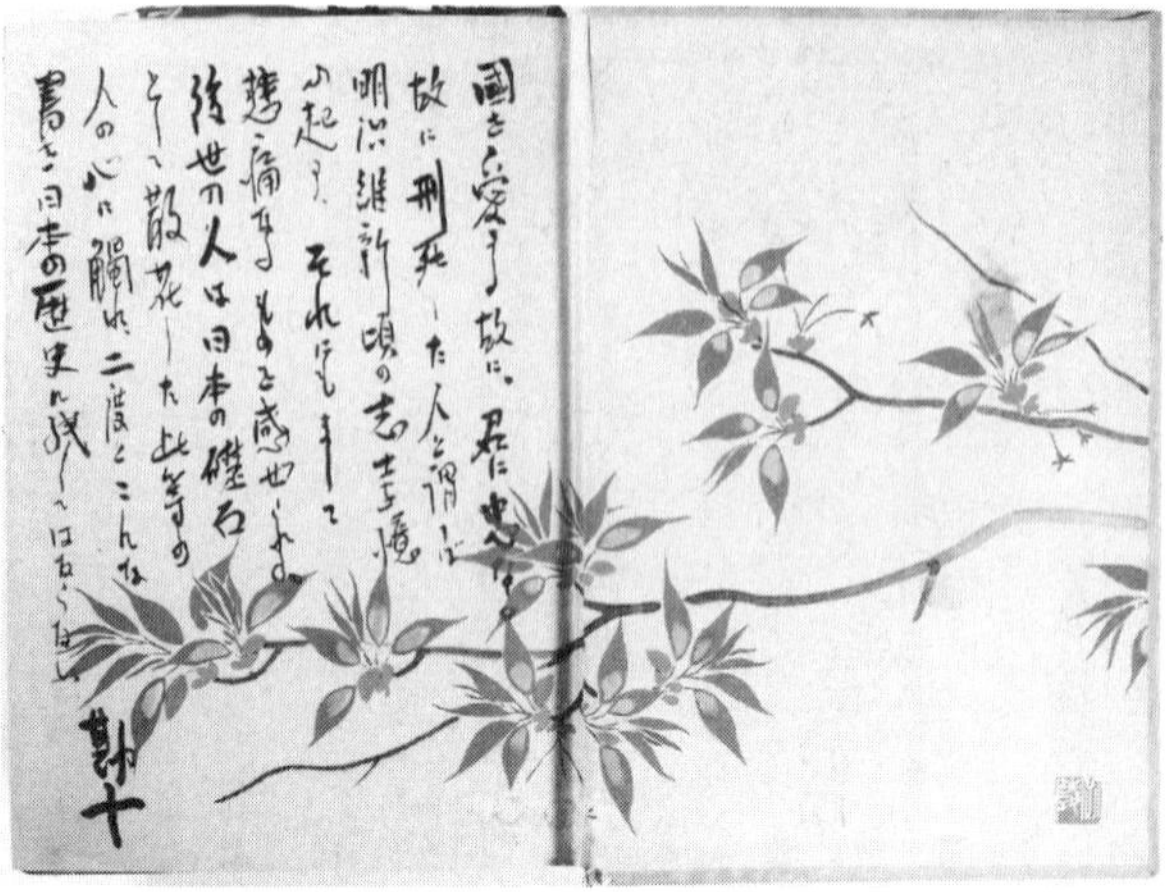

筆者蔵の『世紀の遺書』見返し

『世紀の遺書』は市販ルートにのせず、初版四千部のうち千余部を遺族に贈呈したが、全国小学校長会の有志から四千部のまとめ買いの申し出があり、最終的に四版一万三千部を刷ったとのことだ。

その売上金で「アガペの像」を建て、空に向かって両手を差し出したその男性の立像は、いまも東京駅丸の内側の植え込みの中にある。アガペとはギリシャ語で〝神の愛〟のことだ。戦犯となった人々のほとんどが東京駅から出発していったという理由で、かつての国鉄の十河《そごう》信二総裁の了解を得て、場所をここに決めたという。

私の手元にある『世紀の遺書』は初版で、三十年ほど前に神田の古書店で求めたものだが、表紙をめくると見返しに「勘十」の署名入りで墨痕《ぼっこん》あざやかに次のように書いてあった。

「国を愛する故に　君に忠なる故に刑死した人と謂《い》へば
明治維新頃の志士を憶《おも》ひ起す
それにもまして悲痛なるものを感ぜられる
後世の人は日本の礎石として散花した此等の人の心に触れ
二度とこんな書を日本の歴史に残してはならない」

「勘十」といえば、戦後に芦田内閣の労相をつとめた左派社会党の重鎮加藤勘十氏にちがいない。読後感を感動のおもむくままに綴ったものと思われる。見返しの部分にはピンク地に中村岳陵画伯の筆で「朝日に匂う山桜花」が描いてあった。本居宣長の詠んだ、

敷島の　やまと心を人問はば
　朝日に匂ふ　山ざくら花

からヒントを得た構図であろう。

# 第十部　近隣諸国の感情か、内政干渉か

## 二十年遅れたA級戦犯の合祀

敗戦の年の十一月十九日に、靖国神社では満州事変以来の戦没者の招魂祭を行なった。一九五三（昭和二十八）年以後、戦没者といった場合は、戦死者も戦傷病死者も法務死といわれるようになった戦犯刑死者も、すべて同等に扱うことになったから祭神名票にしたがって、その霊は靖国神社に祀られてきたはずだということも、すでに述べた。

にもかかわらず昨今、A級戦犯の合祀がネックになって靖国問題が騒々しい。しかも、横槍《よこやり》を入れてきたのは、この問題に関して門外漢のはずの中国である。なぜこのようなことが起きたのか。

きっかけは一九八五（昭和六十）年八月十五日の中曾根康弘首相の公式参拝であった。それまで、政府の統一見解として首相や国務大臣が公務として靖国参拝するのは、政教分離を説いた「憲法第二十条との関係で違憲の疑いがある」（昭和五十五年十一月十七日）としてきたのだが、中曾根首相は周到に戦後四十年を控えたころ、内閣官房長官の私的諮問機関「閣僚の靖国神社参拝問題に関する懇談会」を設け、首相の公式参拝の方法について一年がかりで検討させている。そして、その報告書にもとづいて戦没者に対する追悼を目的とし、神式の拝礼ではなく社頭で一礼するだけなら公職の資格での参拝でも問題ないとしたのであった。つまり政教分離の新たな参拝方式として政府見解を発表し、この方式なら違憲にはならないとして参拝を断行したのだ。

それまで敗戦の日の八月十五日に参拝したのは、一九七五(昭和五十)年に三木武夫首相が最初である。そのあと福田赳夫首相が一回、意外にも鈴木善幸首相は任期中の全ての八月十五日に合計三回参拝していた。

だがつづく中曾根首相の「八月十五日」の参拝は、就任後の一九八三(昭和五十八)年から一九八五(昭和六十)年まで三回つづけたが、以後、一切行なっていない。最後の参拝の翌年に当る一九八六(昭和六十一)年に、折しも北京入りした新日鉄の稲山嘉寛名誉会長に、中曾根首相が要人に会ったら靖国問題について意見を聞いてきてほしいと頼んだ。その結果、稲山会長の帰国間際に、知日派の中国人が深刻な顔でホテルへ来て、

「(首相の靖国参拝は)ぜひ止めるよう中曾根首相に伝えてくれ」

といったため、あえて避けたというのである。私は中曾根氏からこの話を聞いたとき、

「稲山さんに調べさせたりしなければよかったのに。飛んで火に入る夏の虫」

などと混ぜ返したが、このほかに中曾根首相の態度いかんでは中曾根首相と親交のあっ

た胡耀邦総書記の立場が危うくなるおそれもあったので、「国際関係を重視し、近隣諸国の国民感情にも」配慮して靖国参拝はやめたとのことであった。

たしかに胡耀邦総書記は一九八五（昭和六十）年の十二月に、北京・中南海で駐中国大使中江要介氏と作家の山崎豊子氏を前にして「Ａ級戦犯の祀られている靖国神社に首相が公式参拝するのは戦争責任を軽んじているように映《うつ》る。Ａ級戦犯を別にすれば、問題はなくなる」と述べている（二〇〇五年九月二十八日　京都新聞）。

胡耀邦総書記は、山崎豊子氏の『大地の子』の取材に全面的に協力したとのことだから、それなりに人を選んで中国の意志を日本に伝えたのであろう。以後、橋本龍太郎首相が中曾根首相から十一年目に一度参拝したのみで、小泉首相まで靖国参拝は行なわれていない。もっとも小泉首相は、自民党総裁選で八月十五日靖国参拝の〝冒険〟を公約にしたものの、本番の二〇〇一年八月十五日の参拝をなぜか二日繰り上げて八月十三日に行なっている。かたずを飲んで見守っていた国民は、拍子抜けしたものだ。

何度もいうようだが、政治家は言論人と違うから政治状況を勘案して方針を変えることに異論はない。しかし、あくまでも政治判断は目的達成のための手段であって、懇談会まで設置して目的達成を狙ったにしては、中曾根首相は腰が弱すぎたのではないか。また、靖国参拝を総裁選の目玉にしたにもかかわらず、小泉首相がほんの二日ズラしたのも姑息すぎる。私には両首相とも国家の代表として腰がきまっていないという点で、同罪に思われてならない。

日本の首相のこの態度につけこんだかのように以後、中国はA級戦犯の合祀されている靖国神社に日本の首相が参拝するのは、中国人民の感情を傷つけると強力にいい募《つの》るようになった。これに応じて日本の政治家のなかにも、

「中国側は、A級戦犯が合祀されていることに反発している。私も戦犯が戦争犠牲者と一緒にまつられることに抵抗感がある」（昭和六十年十月二十八日　政府・与党首脳会議で金丸信幹事長）

「戦犯が一般戦没者と一緒に祀られていることは私も知らなかった」（昭和六十年十月三十日　駐日中国大使との会見で二階堂進副総裁）

「（A級戦犯の合祀が障害になることについては）遺族も（理解して）政府が（公式参拝を）実行できるよう、環境整備に協力していただけるのではないかと思う」（昭和六十一年八月十九日　衆議院内閣委員会で後藤田内閣官房長官）

など、日本政府が独立直後に、すでにこの問題に決着をつけたにも拘らず、以後の政治

家の勉強不足を丸出しにした発言がつづいて、こんにちにいたっているのである。

前述の通り日本政府が戦死者も戦傷病死者も戦犯処刑者も、すべて同等に扱うことにし、国家が戦犯処刑者を法務死扱いにして援護法の対象とした以上、当然、A、B、C級の区別なく戦犯処刑者を靖国神社に祀ることに何一つ支障はないはずである。にもかかわらず、A級戦犯はBC級から二十年も遅れて靖国神社に合祀されたのであった。

そもそも、戦犯を靖国に合祀した経緯は次の通りである。

厚生省引揚援護局は一九五六（昭和三十一）年四月十九日に、都道府県に対して靖国への合祀資格者（援護法による遺族年金を受けている者）の氏名を申し出るよう要請し、この名簿にもとづいて引揚援護局は、祭神として有資格者の名簿を靖国神社に通知した。神社側は厚生省引揚援護局の資料にもとづいて霊璽簿を作成し、春秋二回の合祀事務を進めて一九五九（昭和三十四）年の春季合祀祭には、BC級戦犯が合祀されたのである。

前年の一九五八（昭和三十三）年に巣鴨プリズンが閉鎖《へいさ》されたから、これを一区切りにして厚生省および靖国神社はBC級戦犯の合祀に踏み切ったのであろうか。

話はそれるが、千鳥ヶ淵戦没者墓苑が竣工《しゅんこう》したのは、同一九五九（昭和三十四）年三月二十八日である。

それから四年後の一九六三（昭和三十八）年八月十五日に日比谷公会堂で政府主催の「全国戦没者追悼式」が行なわれ、これがこんにちまで日本武道館に引き継がれてきた。靖国神社と千鳥ヶ淵戦没者墓苑と全国戦没者追悼式の三つが、いまのところ日本における代表的な戦没者追悼の場といえよう。

## A級戦犯合祀にクレームをつける中国の真意

だが、A級戦犯がBC級合祀以後二十年もの間合祀されなかったのはうなずけない。一九六六（昭和四十一）年には、A級戦犯の祭神名票が引揚援護局から靖国神社に送られている。にもかかわらず、なぜA級戦犯が合祀されなかったかというと、一つには前述の通り不勉強な政治家が口々にA級戦犯の合祀に反対するかのごとき発言を行なっていたからである。

もう一つは、一九六九（昭和四十四）年から靖国神社の国家護持法案（靖国神社法案）が国会で審議され、厳しい反論にさらされて五年後に廃案になった経緯があったため、時期的に神社側としては紛糾《ふんきゅう》を避けて合祀を差し控えたのであろうことも考えられる。資料によると青木一男氏が強く法案に反対し、時の筑波藤麿宮司らがこれに同調したという。

青木氏は東条内閣の大東亜大臣をつとめた人で、靖国神社の国家護持法案には「英霊の合祀奉斎が明記されていない」のを不満として強硬に反対した（『わが九十年の生涯を顧みて』）。

余談だが、靖国神社の国家護持法案がしきりに取り沙汰されていたころ、私はBC級戦犯の未亡人に意見を聞いたことがある。彼女は神職の家に育ったが、敗戦まで女性は神職に就くことができなかったため婿養子を迎えた。その婿養子が戦犯として処刑されたあと、未亡人は戦後に女性神職への道が開かれたのを幸いとして資格を取得し、神主として家業を継いだのである。戦犯未亡人の立場と神職としての立場を併せて、彼女が靖国神社の国家護持についてどう考えているのかと、私は大いに関心を持って問いかけてみたところ、女子師範学校（教員の養成学校）を卒業したという聡明な彼女の答えは、実に明解であった。

「国家予算でお宮を立派にして維持するのは、結構なことだと思います。でも、どんなにお宮を立派にしても、『だから死んでもいい』という人は、この世に一人もいないでしょう」と。

A級戦犯が靖国神社の命名による「昭和殉難者」として、崇敬者総代会の了承を得て秋の合祀祭でようやく合祀されたのは、靖国神社国家護持法案が廃案になってから四年目にあたる一九七八（昭和五十三）年であった。

戦後三十三年目に、たまりかねたようにA級戦犯の合祀にこぎつける原動力となったのは、当の厚生省の職員であったという説を唱えたのは、京都産業大学の所功教授である。戦後三十三年目といえば、まだ復員軍人が職員または嘱託として業務についていたはずで、戦争の実態を知っていた彼らはA級戦犯が靖国神社から外されているのを見るに見かね、合祀に対する無言のリード役を果たしたのであろうという説は、私にはきわめて自然に納得できる。

靖国神社は合祀の理由として、サンフランシスコ平和条約発効翌年の国会決議により援護法が改正されて、戦犯の遺族が戦死者や戦傷病死者と同じ扱いを受けることになったので、その時点で戦犯は法的に復権したと見なし、神社としては合祀せねばならぬ責務を負うことになったと、社報で明解に述べている。

**原文　社報「靖国」（昭和六十一年三月一日号）**

援護法が改正され、連合国側が定めたA・B・C級等の区分には全く関係なく、法務関係死亡者、当神社の呼称する昭和殉難者とその御遺族が、一様に戦没者、戦没御遺族と全く同様の処置を国家から受けられる事になったと言ふ事実を篤《とく》と認識されたい（中略）。所謂《いわゆる》、A・B・C級戦犯刑死の方々は、その時点を以て法的に復権され、これを受けて、靖国神社は当然のことながら合祀申し上げねばならぬ責務を負ふことになった。

---

話題は一変するが、私は罪人と位置づけられた人に対する中国人の対処ぶりに内心呆れたことがある。日中戦争のさなかに、中華民国主席蔣介石とは別に対日和平を考えたリーダーがいた。汪兆銘《おうちょうめい》（またの名は汪精衛《せいえい》）である。彼は「一面抵抗、一面交渉」をひそかなスローガンとして、蔣介石に抵抗、自らに和平の役割を課しつつ日本に対して和戦両方から接近して平和を実現させたいと願った人物だ。一九九四（平成六）年、南京に汪兆銘の跪像《きぞう》ができたとして話題となったことがある。後ろ手に縛られ、膝を折って地上に座った姿を写真で見た私は実物を確認すべくさっそく訪中したが、私が行った一九九九（平成十一）年にはすでに撤去されており、事務局に何度聞いても設置から撤去までの経緯については口外しなかった。

なぜ私がこれほどまでに関心を持ったかというと、跪像は杭州の西湖のほとりの「秦《しん》檜《かい》」の像にそっくりであったからだ。秦檜とは南宋の奸臣《かんしん》（よこしまな心をもった部下）とされている人物で、かつて南宋が金から攻撃されたとき雄々しく戦った岳飛《がくひ》を、秦檜はもっぱら私情にもとづいて功を讃えるどころか逆に無実の罪で捕らえて獄死させたといわれている。この二人の関係を後世に伝えねばならぬとしてか、無念の死によって世を去った岳飛は、いまや壮大な廟《びょう》に祀られ、秦檜はその廟の入口あたりに裸の跪像としてさらしものになっていた。

それだけではない。周囲には柵を張り巡らして、観光客が柵の隙間から思いのままに跪像を叩ける仕組みになっている。うつむいた跪像の頭部にはいくつもの傷があり、ハンダで補修された部分が目立った。いったん罪人と位置づけられた人に対する中国人の対処ぶりが一目瞭然であったといってよい。

中国は反日に息巻く民心を統一するために、政府が意識的に靖国問題を象徴として掲げているという説がある。もしそうだとするならば、A級戦犯を西湖のほとりの秦檜と同列に扱うつもりであろうか。

かつて私は東京・両国の回向院《えこう》の墓地で、鼠小僧次郎吉の墓を見て驚いた。誰が捧げたのか周囲から突出するほど線香の煙があたりに渦巻いている。鼠小僧というのは、江戸後期の盗賊で、武家屋敷から盗んだ金品を貧乏人に施したとして義賊《ぎぞく》扱いされてはいるが、線香の煙で讃えあげるほどの存在でもあるまい。

### 内政干渉以外のなにものでもない

いずれにせよ、中国と日本では罪人と位置づけられた人に対する対処に、これほどの差があるのであった。

罪人と位置づけられた人への対処は、それぞれの国の独自の文化によるものだ。もっとはっきりいうならば、文化レベルによって左右されるものでもある。キメ手となる根拠もなく、自国の国民を外国から犯罪人と位置づけられて、すんなり受け入れるのは、自国の文化の冒瀆《ぼうとく》につながりかねない。こともあろうに、国家の判断にもとづいて靖国神社に祀ったA級戦犯を、侵略だの、歴史認識だのという、つかみどころのない言いがかりによって分祀するよう迫られて、無抵抗であっていいはずがない。

しかも、独立二年目の日本が総力をあげてきっちり国内法的に決着をつけた問題に対して、その経緯も知らずにこれを根底からくつがえせといわんばかりの要求をしてくるのは、無神経にして不勉強な内政干渉以外のなにものでもあるまい。
かつての中江要介駐中国大使は、
「中国を無視して繰り返し（靖国）参拝する。怒った中国が反発し、それに日本人がまた反発して偏狭《へんきょう》なナショナリズムが生まれる。非常に危険だ」（二〇〇五年十月二日　熊本日日新聞）
といっているが、私にいわせれば「怒るほうが悪い」のひとことに尽きる。

# 第十一部　靖国神社はいまのままで存続可能か

## 靖国神社への注文

実は、この際あえて付け加えるならば、靖国神社側に対しても私は言い分がある。まず信教の自由という立場からすると、神道をかかげたまま国民のための慰霊の場所にするのは限界がある気がするのだ。

端的《たんてき》にいって、靖国神社に祀られた方々がすべて「〇〇の命《みこと》」となるのは、キリスト教の信者や仏教信者や創価学会員にとって、当然のことながら抵抗があろう。かつて日本は神の国で、国難があれば神風が吹くことになっており、天皇は神であった。その平板な論理による天皇制を異常に利用して戦意高揚につとめ、全体主義をもり立ててきたわけで、これは国家が未成熟な段階として避けられない過程とはいえ、健全な考えであるはずがない。

いわずもがなのことを、あえて口にするなら、天皇のご親拝を実現せねば靖国神社の存在価値がないようにいう人もあるが、私はこだわらない。たしかに、先の戦争で兵たちは「天皇陛下万歳」といって戦死したが、天皇の地位が「神」から「象徴」になった段階で、天皇と国民との関係も転換しているはずである。

敗戦の翌年に天皇はいち早く人間宣言をした。にもかかわらず靖国神社を、未来永劫にわたって「天皇陛下万歳」といって命を落とした人を祀る〝神社〟としておくのは、果たして国民を納得させるであろうか。国家のために命を落とした人を祀る場所に、必ずしもご親拝は必要ない。

もっとも、かつて「靖国で会おう」というスローガンで国民の士気を鼓舞し、結果として遺族の援護を国家が保障したのは、近代国家と国民との当然の関係であり、この関係が存続している以上、靖国神社は遺族および少なくとも士気を鼓舞された側にとっての拠り所であることに変わりはない。この関係を打ち切るためには国家として然るべき宣言が必要だし、存続させるなら時代に相応した新段階への手続きが必要だろう。いまのところ、どちらにも着手せず、曖昧《あいまい》なままますべてを踏襲《とうしゅう》している。

靖国神社は神社本庁に加入していないが、だからといって神道であることに変わりはない。新段階への手続きの一つとして、全国民を納得させる慰霊の場とするには特定の宗教枠を外した祈りの場とすべきであろう。国立追悼施設はこともあろうに無宗教の施設だという。いったい、宗教と無関係の〝祈り〟とはどういう姿勢を指すのであろうか。すくなくとも靖国神社は公共宗教（こういう言葉があるかどうかわからないが）に基づく慰霊の場であってほしい。

聞くところによると現在の靖国神社の宮司は実務社会で働いた経歴の持ち主だそうだ。その知識と経験を生かして、靖国神社と現代社会の隔たりを無理なく埋める努力を期待したい。

ともあれ、靖国神社が現状のままで未来永劫《えいごう》におよぶ国家的慰霊の場として日本国民に支持されると考えるのは、靖国神社の存在に否定的でない私でさえ無理がある。ただし時の流れに合わせて国民のコンセンサスをまとめ、「靖国神社」を例えば「やすくに」という換えるなどして、日本の伝統的慰霊の場として継続的に維持する方法などは考えられるのではないか。

国も靖国側も先ずそのために渾身の努力を払うべきで、その努力を抜きにしていきなり国立追悼施設はないだろう。もし現状で国立追悼施設を無理押しして設立したならば、かりに中国は納得したとしても、靖国に祀られた人々はもとより靖国神社を心の支えにしてきた遺族を冒瀆《ぼうとく》し、果ては討議不足による消化不良によって国内にあらたな物議をかもすのがオチだ。この種の施設が論じられる時には決まって靖国神社に代わる施設ではないと、いわずもがなの一言が潔白の証《あかし》のように前置きされるが、延々《えんえん》百三十年にわたって国家のためにいのちを捨てた人々を祀ってきた靖国に代わる施設が、安易にできてたまるか。

それにつけても思うのだが、もう靖国側も自らの意見を公表すべきときではないか。仄《そく》聞《ぶん》したところによると、神道では「何があろうと言《こと》あげせず」という立場をとって、自らの発言は慎《つつし》むとか。しかし靖国神社問題が内外でここまで話題になっているときに無言というのは不自然すぎる。中途半端に発言して物議をかもすのを警戒するのも分かるし、立場として世の混迷の渦中での発言を避けて時期を待ちたいのも理解できぬではないが、もう必要最低限の発言はあって当然の時期だ。

例えば、靖国神社として国家の命令であればA級戦犯の分祀もありうるのか。それとも、いったん祀った以上いかなる場合にも霊を外したり分けたりすることはありえないのか。分祀についてはかつて松平永芳宮司が、靖国神社では「二百五十万柱の霊が一つの同じ座ぶとんに座っている。それを引き離すことは出来ません」（毎日新聞　一九八七〈昭和六十二〉年十月一日）と語っているが、一般社会に通じる説明になっていない。

もともと靖国神社の祭神は厚生省の名簿に基づいて祀られたもので、神社側の意思で祀られてはいないのを承知しているだけに、私としてはあえて神社側の真意を問いただささずにいられないのである。

## 未整理な靖国の祭神

靖国神社が招魂社として創立されたのは一八六九（明治二）年だから、すでに百四十年近い（招魂社から靖国神社に改称されたのはこれより十年後）。私の手もとに靖国神社御創立百三十年記念として、一九九九（平成十一）年に出版された『やすくにの祈り』というカラー写真を中心とした大判の一冊がある。これまでの靖国神社の歴史がビジュアルに伝えられていて興味深い。

実は、男たちが「靖国で会おう」といって国を後にした時代を多少ながら承知している私だが、本心からそう思って一点の迷いもなかったのだろうかと時々立ち止まって考えたことがある。これに答えるかのように『やすくにの祈り』には、立山英夫陸軍中尉を弔う一首が掲載されていて関心をそそられた。

立山中尉は一九三七（昭和十二）年に中国河北省で「数倍の敵軍と不意に遭遇」して戦死した人だが、血まみれの軍服のポケットから母親の写真が出てきた。裏面には母を思う心がしたためてあり、後に郷里熊本での葬儀には、部隊長大江一二三少佐から霊前に、

靖国の宮に　み霊《たま》は鎮《しず》まるも
おりおりかへれ　母の夢路に

が捧げられた（津下正章『童心記』）。

当然といえば当然だが、戦争や戦時体制下で国を守るために純情を捧げつつも、部隊長も部下もポロリと列を乱して本心をさらけだしたところが切ない。

太平洋戦争開戦の一年前には主婦之友社が募集して「靖国神社の歌」の歌詞が決まった。高知県の教員・細淵国造作詩で四番まである。二番は

日の御旗《みはた》断乎と守り　その命国に捧げし
ますらをの御魂鎮まる
あゝ国民《くみたみ》の拝《おろが》み称《たた》ふ　いさをしの宮　靖国神社

として男子を讃え、三番では

報国の血潮に燃えて　　散りせまし大和をみなの
清らけき御霊《みたま》安らふ
あゝ同胞《はらから》の感謝は薫《かお》る　　桜さく宮　靖国神社

として女子を讃えているように、靖国神社には戦争で命を捨てた男子のみならず、戦時下に職場を守った女子も祀ってある。

よく知られている通り沖縄のひめゆり学徒隊といえば、沖縄師範学校女子部と県立第一高等女学校の生徒らで編成された看護隊で、二百四人の女子学生が戦火に消えたが、彼女らも靖国神社に祀られた。同じく女子の例でいえば、日本が降伏して五日も経過した八月二十日に、スターリン麾下《きか》のソ連軍は樺太の真岡《まおか》市を不法攻撃し、真岡郵便局の電話交換手九人が職場を守って自決した。彼女らの霊も靖国神社に祀られている。余談だが、このあとソ連軍はさらに不法占拠をつづけて北方領土四島を占領してこんにちにいたっているのである。

ほかに空襲下に被害の拡大防止のために活動した警防団員、官民二千四十五人をのせて台湾海峡でアメリカの潜水艦によって撃沈(生存者一名)された輸送船阿波《あわ》丸の乗員、沖縄から本土に疎開のため航行中に遭難した対馬丸《つしままる》の学童たち、満蒙開拓青少年義勇軍（満州事変後、日本から満州や蒙古などに行なった農業移民青年隊）など、およそ戦争の犠牲となったものは女子供にいたるまで、氏名の分かっている者に関しては合祀してあるのだ。

かつて日本が統治していた時代の台湾、朝鮮出身者の方々も祀ってあり、台湾の李登輝《りとうき》元総統の兄上の李登欽《とうきん》氏も、志願兵としてフィリピン・マニラで戦死して靖国神社に祀られている。

ソ連、満州、中国に抑留中に死亡した日本人も祀ってあるとのことだから、かつて張作霖《ちょうさくりん》爆殺事件を仕掛け、戦後は戦犯容疑者として中国・太原《たいげん》収容所で病死した河本《こうもと》大作大佐の霊も、まちがいなく靖国神社に祀られていることになろう。河本大佐について中国はひとことも話題にしていないが、中国にとっては具体的に東条元首相よりも恨みぞふかき存在のはずである。

異色なところでは、イギリス人で靖国の祭神となった人たちもいる。おそらく初の外国人祭神だろうといわれているが、彼らは一九〇四（明治三十七）年六月十五日、日露戦争のころロシアの軍艦によって撃沈された日本船常陸《ひたち》丸の船長、一等運転士、機関長の三人であった。

それはともかく、各国各界各立場の人々を祀りながら、靖国神社の祭神資格や基準がはっきりしていない。日本国のために命を落とした人という大枠《おおわく》はあるものの、あまりに漠《ばく》然《ぜん》としすぎている。たとえば、カンボジアに平和をとりもどすために活動していて死去した警察官や、国際貢献の一環として国際協力事業団の活動中に命を落とした人なども、靖国神社には祀られていない。

そういえば過日、元宮《もとみや》南側の林の中にひっそりと建つ木造の「鎮霊社《ちんれいしゃ》」の存在に驚いた。一九六五（昭和四十）年に建てられたもので、ここには官軍に負けた会津の白虎隊の少年や、西南戦争で自決した西郷隆盛が祀られているばかりか、湾岸戦争やユーゴのコソボ自治州で紛争の犠牲となった諸外国の犠牲者まで祀ってあるというのだ。祀ることに異議があるわけではないが、余りに無秩序すぎないか。

ここで、あらたに祭神の資格や合祀の基準などを明快にすることは、同時に靖国神社のあり方に対する考えを深める結果にもなろう。そして、それは今の段階で必要不可欠な作業に思われる。

## 「やすくに」の国家護持を

国立追悼施設など近隣諸国におもねって予算を獲得する前に、もし可能なら靖国神社の形式を変えて国家による護持を考えられないか。

おそらく将来、これまでのようなドンパチによる戦争はないだろう。そうなると遺族の数は減るばかりで、当然の結果として遺族たちから靖国神社に奉納される金銭は減少する一方だろうから、神社としては運営に支障をきたすことになるかもしれない。

国家による護持については、すでに述べた通り一九六九（昭和四十四）年に検討をはじめて五年後に廃案になったが、あれから三十余年が経過して時代も世論も変わりつつあるいま、改めて慎重に話し合って、これまでの国家護持論議の論点を地ならしすることはできぬものだろうか。

もし、それが可能なら靖国は最も無理なく安定した慰霊の場となろう。

二〇〇一（平成十三）年に私は福田官房長官（当時）の私的懇談会としての「追悼・平和祈念のための記念碑等施設の在り方を考える懇談会（略称・平和懇）」の委員をつとめ、ほぼ一年間にわたって定期的に行なわれた会合に皆勤したが、神道の靖国神社の形式を変えて国家による施設として無理のない方式が生み出せるなら、それが自然だとひそかに結論づけていた。そのためには靖国神社の正面に燦然と輝く天皇家の菊の御紋や大鳥居を外すことは可能なのだろうか、などと口には出さなかったが、ひとり夢想したりした。

懇談会では靖国神社側をこの席に招いて、オフレコで忌憚《きたん》のない話し合いをしたいと提案もしてみたが、賛同した人はいない。（中には、それをするならキリスト教の代表も仏教の代表も招かねばならぬ、などと法外な論理を掲げる委員がいて呆れたが）。

靖国側と討議を重ね、どうしても折り合いがつかなかったなら、そのときはじめて慎重に国立追悼施設について討議すればよいというのが私の考え方であり、これはいまも変わっていない。

私は毎年武道館で行なわれる全国戦没者追悼式には可能なかぎり出席しているし、千鳥ケ淵戦没者墓苑にも、世話人として都合のつくかぎり参拝しているが、参集する遺族の数が年を追うごとに目立って減ってきたのを感じている。

だからこそ、いまこの時期にずるずると別の国立追悼施設に食指を動かす政治家の動きに対して、健在の老遺族を切り捨てたかのような冷酷さを感じ、国家の責任において護持することを提案せずにいられないのである。

# 第十二部　靖国問題決着のために

## 国立追悼施設は不要

山崎拓議員を中心として、超党派の議員が突然、「国立追悼施設を考える」と言いだしたときには正直なところ驚いた（二〇〇五年十月）。

前述の通り二〇〇一（平成十三）年、福田官房長官が平和懇を主催し、私も委員の一人として参加したが、以後まったく音沙汰なく、あれはどうなった？　と思っていたら超党派で考えるというのだ。あまりに急な動きと、にわか仕立てのメンバーを見て、バックに何やらうさん臭いものがありそうだと思わないほうがおかしい。この動きを良しとしてか中国の王毅駐日大使は「なぜ靖国参拝に異議を唱えるのか」と題して日本の新聞に寄稿などしている（日経新聞　二〇〇五（平成十七）年十一月十四日）。

内容を要約すると、かつて日本の軍部が中国を侵略し、その軍部の象徴的存在だったのがA級戦犯だから、責任者たるA級戦犯が祀ってあるところに日本の首相が参拝することに、中国は反対せざるを得ないというのである。つまりオレ様がいい感じをうけないから、お前の行動を慎《つつし》めということになる。

さらに王毅大使は「A級戦犯のほとんどが対中侵略に加担」したのだから「隣国のほと

んどの民衆が嫌がることを控えるのは、隣人同士のつきあい方」（朝日新聞　同年十一月十六日）だとも述べていた。そっちが隣人なら、こっちも隣人だ。こっちの嫌がることは無視するのが中国式つきあい方なのか。

そもそも日中戦争（支那事変）のきっかけとなった盧溝橋《ろこうきょう》の最初の一発は中国側から撃ったのはもはや定説になっている。いまさらどっちが先に撃ったなどと目くじらたてるわけではないが、事実関係も語り合わぬうちから被害者だの加害者だの簡単に口にしてもらいたくない。かりに日本が全面的に加害者だったとしても、すでに敗戦国として充分に報いを受け、償いも済ませたはずだ。

何よりの証拠に、戦争犯罪人の命と引き換えに日本は平和条約締結にこぎつけたではないか。

くどいようだが、繰り返していおう。

どんな犯罪を犯したにせよ、裁判を受け判決通りの刑に服し命を以て償った場合、これで一件落着するのが当然で、六十年も経過して新事実が出てきたわけでもないのに、蒸し返すことなど一事不再理の原則から許されるはずはない。

ここに一首の辞世がある。捕虜収容所長としての責任を負って、巣鴨プリズンで二番目に絞首台に上っていったB級戦犯、福原勲大尉が書き残したものだ。

朝風になびくを見度し　彼の土より
平和日本の日の丸の旗

おそらく、自分の不条理の死と引き換えに、平和条約が締結されるであろうことを予測してうたいあげたのであろう。事実、二十八歳で二児の父親であった彼の予測した通り、処刑後五年目にサンフランシスコ平和条約が調印されて日本中に日の丸がなびく結果となった。

超党派の議員団が、これらの過去の経緯を無視して本気で国立追悼施設を造ることを考えているとしたら、王毅大使の暴論に同調してのことであろうか。日本人の発想として思いついたとしたら、過去の歴史に対する認識の貧しさと無知によるものというべきであろう。国立追悼施設など考慮するヒマがあるなら、日本はA級戦犯問題について独立二年目に自力できっちり解決済だということを、なぜ日本政府は近隣諸国にはっきり知らせないのか。国内外の嵐をついて小泉首相が五回も（二〇〇五年末まで）靖国に参拝したのはよしとするが、それ以上に必要不可欠なのは国家としての態度表明である。

中国も韓国も、平和条約締結四十九カ国にその名をみることのない国家だということがはっきりしている以上、あなた方はA級戦犯やA級戦犯が祀られている靖国神社に関して発言する資格はないのだと筋を通して話せば、相手方によほどの悪しき魂胆《こんたん》が無いかぎり、理解できないはずはないと私は考える。

忘れもしない福田官房長官の平和懇の初の委員会で私は、

「この懇談会は、近隣諸国への配慮もかねて発足されたのですか」

と単刀直入に聞いてみた。福田官房長官は打って返すように、

「ちがいます。あくまでも日本の問題として日本の立場で考えたいと思っています」

とのことで私はあっさり納得したが、いうならば問いかけた側も答える側も互いの魂胆が見え見えの儀礼的応答ではあった。ただし間髪を入れずにこう答えた福田官房長官は、それなりの覚悟をもって懇談会の言い出しっぺとしての役割を果たしているように感じられて私は好印象を受けたものだ。いまとなっては、日本の問題なのだから日本が十分に考えてから方向を決めると答えた福田氏が、超党派の議員連盟に顔を出していたのに私は落胆している。

もう一つ、福田官房長官の平和懇で、私はかなり早い時期に小泉首相はこの問題をどう考えているのか、と問いかけた。官房長官の答えは、

「首相も大変関心を持っておられ、いずれこの懇談会にも出席される予定です」

とのことであった。結局都合がつかず、懇談会には一度も参加されなかったが、閉会後に委員は官邸の夕食に招かれている。ああいう席だから礼儀として誰もが祈念碑の話題には触れず、首相はもっぱら得意のオペラや演劇の話に終始したが、私は無粋《ぶすい》を承知でひとことだけ聞いてみた。

「平和祈念碑は実際に建つんでしょうか、建たないんでしょうか。マスコミの記事として、懇談会の答申は棚ざらしになると書いてあったのが気にかかりますが」

小泉首相はあっさり、

「建てるつもりでおります」

と即答している。祈念碑について夕食会で触れたのは後にも先にもこれっきりだが、雑談の席でのことだから、首相がああいったから建てねばならぬということにはなるまい。

だが、もし国立追悼施設をつくるなら、まず場所の選定が問題になるだろう。東京の九段会館（遺族会の所在地）の近くに昭和館という建物があり、ときどき千人針など戦時下

をふくむ昭和の思い出の展示会が行なわれている。当初、戦争資料館を建てるということで私も検討委員として参加した時期があるので承知しているが、あの場所に昭和館が建つまで、内容もさることながら場所の選定にどれほどの年月を要したことか。あのときの経緯から私なりに判断して、国立追悼施設として穏当な場所を探すために最低十年はかかるだろうと思う。もし近隣諸国に配慮して靖国問題の焦点をズラすことをも勘案しての施設なら、それだけの年月がかけられるはずはないから、差し当たって海外から収集された無名の（名前の突き止められなかった）遺骨を祀ってある、東京の千鳥ヶ淵戦没者墓苑に落ちつくことになるのか。

いずれにせよ、日本の主張を近隣諸国にきちんと述べることもなく、じりじりと押されるままに言い分を受け入れて国立追悼施設の設立が実現に向かうようなら、近隣諸国を納得させたとしても日本国内は納得させられまい。

## どうしても建てたいなら硫黄島に

ただし、もし自由な発想で国立追悼施設のための適地をといわれたら、私は迷うことなく東京都・硫黄島を提案したい。いうまでもなく先の戦争の末期に二万余人の日本軍が玉

摺鉢山にある「硫黄島戦没者顕彰碑」

同じく摺鉢山にある「米海兵隊上陸記念碑」

砕した島で、いまは自衛隊の基地と、横田基地から夜間訓練のために移動したアメリカ軍基地がある。

その名の通り硫黄の匂いの漂う平坦な火山地帯で、高さ百六十九メートルの摺鉢《すりばち》山という小高い山が一つあり、その山頂にアメリカが残していったアメリカ兵のための顕彰碑が建っている。台座には太平洋艦隊司令長官チェスター・ウイリアム・ニミッツ提督《ていとく》による、「硫黄島の激戦に参加したアメリカ兵の間では、希有な勇気を示すことがごくあたりまえの美徳だったのである」

という賛辞《さんじ》が書きこまれているが、ニミッツといえば私たち日本の軍国少女は、

いざこい、ニミッツ、マッカーサー
出てくりゃ　地獄へさかおとし

と歌いながら、目の仇《かたき》にした相手だ。

そのアメリカの顕彰碑と対峙する場所に日本側の碑がある。

岸信介元首相が中心になって建てたもので、特に誰を顕彰するわけでもなく日本各県の

名石で日本地図をかたどった碑である。日本全国から参集して玉砕した兵士たちに思いを寄せてのことだろう。顕彰碑とも慰霊碑ともつかぬ、各県の名石をならべた無言の碑から私は実にスマートな印象を受けたものだ。

いま、もしどうしても国立追悼施設を造りたいなら硫黄島の摺鉢山の山頂がいい。何よりもここなら近隣諸国に特別に気づかったという印象を避けることができる。やれ侵略戦争だった、それ植民地政策だったという堂々めぐりにもピリオドを打てるだろう。

山頂から見下ろすとあたりは太平洋につながる蒼《あお》い海で、国家として戦争で亡くなった内外の人々を邪心なく追悼できる。余談だが、夏の夜に芳香を放ってわずか数時間のみ咲く月下美人という白い花があり、満開に居合わせるのは稀だとされているが、硫黄島にはこれが群生している場所がある。

航空自衛隊の入間基地からC－130で三時間程の距離だが、実際に国立追悼施設が建ったなら参拝を希望する海外の要人の警備を考えても便利だろう。

もし平然として国立追悼施設を玉砕の地硫黄島に造ってみせる胆力があるなら、私は必ずしも反対はすまい。だがもし、その胆力がないなら、この時期に無宗教の国立追悼施設の建設を、議員ごときが中心になって画策するなどもってのほかだ。

百歩ゆずっても十年早いと、できることなら私は議事堂方面にむかってありったけの声を張り上げて反対を叫びたい。

# 第十三部　論拠のはっきりした政府声明を

## 「声明書」私案

「白い萩がいいといふ人と、赤い萩がいいといふ人とが、
熱心に永い時間議論をして居た。
此れは、実際私が、そばで聞いて居たから、
確《たし》かな事実である」

物理学者で随筆家の寺田寅彦の著書、『柿の種』にある名言である。

小泉首相が靖国参拝は「心の問題」だとし、中国側が「歴史認識の問題だ」といいながら永い時間対立している様子をみながら、私はこの名言を思い浮かべずにいられない。

萩の方は「良い」と評価する人たちだから、そのナンセンスぶりをクスッと笑ってすますことができるが、靖国の方は根底にお互いを「悪い」とけなしあう思いがあってのことだから、その争いの真意をさぐるとうんざりさせられる。

萩とちがって、どこかで決着をつけねばならない問題だが、このままでは堂々めぐりを打ち切る見通しも立たない。主観と好みによる対立を打ち切るためには、事実を根拠とす

る論争に切替えねばならぬ。具体的には、近隣諸国宛てに日本政府の名に於いて、いまこそ声明書を発信すべきだと私は考える。

小泉首相の姿勢はわかるが、心の問題としてわだかまりなく参拝するのを認めよというのは、もはや日本人としても理解の限界まできている。私の年代だと靖国神社にはわだかまりなく参拝はできない。日本でただ一つ、過ぎた日の歴史の中で命を落とした人々へのわだかまりを抱えて参拝するところが靖国神社だからだ。

この私の立場から、私なりに靖国問題を近隣諸国との秩序ある論争の場にのせるために、中華人民共和国および大韓民国政府に宛てて日本政府から発信すべき文書の叩き台を、次のようにまとめてみた。およそ政治とは無縁な立場にあり、とりわけ外交の手法に無知な私にとって無謀《むぼう》な作業だとは承知しているが、「靖国問題」を「萩の問題」から引き離したい一心でのことである。

声明書（案）

「数年来、特に貴国と日本との間で見解のちがっている靖国参拝問題について、忌憚のない意見を申し述べたいと思います。

まず我が国の立場からしますと、

一、いかなる事件であろうと、犯罪人と指名された人が裁判を受けて判決通り処刑された場合、原則として事件は決着したことになります。

敗戦日本のA級戦犯は、そのような扱いのもとに靖国神社に祀られており、事実、戦犯として処刑された人の命と引き換えに、平和条約が締結されて世界は平和になりました。

二、靖国神社とは中国で義和団事件がおきる三十年ほど前に、日本のために命を捨てた人々の慰霊の場として東京に建てられたものです。一九五一年にサンフランシスコ平和条約が調印されて一カ月目に、時の首相吉田茂は衆参両議長と閣僚を引き連れて参拝をすませました。つまり独立日本の公式行事としていち早くなしとげたのが、靖国参拝であったといっても過言ではありません。

靖国神社とは日本および日本人にとって、こういう場所なのです。

三、以上のほか、独立日本としては国会で連日のように戦犯問題をとりあげ、平和条約発効の翌年には、戦死者、戦傷病死者、戦犯刑死者を、すべて国家のために命を捧げた人として、差別は一切つけずに扱うことを決議してこんにちにいたっています。

A級戦犯を分祀するには、この日本の国内法を変えねばならず、不可能です。

四、サンフランシスコ平和条約には、独立後の日本に対する戦犯の扱いについて数々の取決めが書かれています。戦争裁判の判決について独立後に蒸し返さぬようにとか、拘留中の戦犯の釈放は判決を下した連合国の了解を得るようになどで、日本はすべて取決め通り行なってきました。

サンフランシスコ平和条約には日本を含む四十九カ国が署名、批准しましたが、中華人民共和国、大韓民国、中華民国台湾はいずれも署名、批准しておりません。しかも平和条約には、この条約に署名、批准していない国々に、いかなる権利、権限、利益も与えないし、これらの国々によって日本の権益が「減損または害される」ことはないと明記されています。

つまり署名、批准していない国々には戦犯問題に関して発言する権利が与えられていません。

いずれにせよ、日本政府は中華人民共和国の建国以前に終了した「東京裁判」の結果と、その後に締結された「サンフランシスコ平和条約」とを尊重し、敗戦八年目にA級戦犯にまつわる問題はすべて処理、決着済です。これまでのところ平和条約に署名、批准している国々から戦犯問題に関して異議を申し立てられたことは一度もありません。

五、ご存じの通り、東京裁判の判事をつとめたインドのパール博士は、かつてそれぞれの国に交戦権があり、他国に対する武力行使を犯罪とする国際法は存在しなかったとしています。阿片戦争などよい例でしょう。したがってA級戦犯が問われた「平和に対する罪」というのは、犯罪に該当しないことになります。

以上の通り、A級戦犯に関する発言を封じられている国々から、日本が日本固有の神社に於いて日本人独自のまつりごとによって支えてきた問題に対し、近年、執拗に異議を申し立てられる理由が日本側には思い当たりません。

いうまでもなく、日本はアジアの平穏と繁栄について強く望んでおり、この観点から今後とも近隣諸国とは協調と融和をはかっていきたいと考えている次第です。

貴国におかれましても、我が日本同様の思いを抱かれているにちがいないと拝察いたしますので、今後とも万般にわたり一層のご協力、ご理解を強く期待するものであります。

中華人民共和国　胡錦濤主席殿
大韓民国　　　　盧武鉉大統領殿

」

（完）

**上坂冬子**（かみさか ふゆこ）

ノンフィクション作家。昭和5（1930）年、東京生まれ。「職場の群像」で中央公論社思想の科学新人賞受賞を機に文筆活動へ。昭和史・戦後史にまつわるノンフィクションが多い。著書に「生体解剖」「慶州ナザレ園——忘れられた日本人妻たち」「貝になった男——直江津捕虜収容所事件」「巣鴨プリズン13号鉄扉」「宰相夫人の昭和史」「虎口の総統 李登輝とその妻」「『北方領土』上陸記」「教育の忘れもの」など多数。1993年「硫黄島いまだ玉砕せず」などの言論活動により第41回菊池寛賞、第9回正論大賞を受賞。

**文春新書**

498

戦争《せんそう》を知《し》らない人《ひと》のための靖国問題《やすくにもんだい》

2006年(平成18年)3月20日　第1刷発行
2006年(平成18年)8月30日　第9刷発行

著　者　上　坂　冬　子
発行者　細　井　秀　雄
発行所　株式会社　文　藝　春　秋

〒102-8008　東京都千代田区紀尾井町3-23
電話（03）3265-1211（代表）

印刷所　理　想　社
付物印刷　大日本印刷
製本所　大　口　製　本

定価はカバーに表示してあります。
万一、落丁・乱丁の場合は小社製作部宛お送り下さい。
送料小社負担でお取替え致します。


ISBN4-16-660498-8

## ◆日本の歴史

## ◆アジアの国と歴史

「三国志」の迷宮　山口久和
権力とは何か　中国七大兵書を読む　安能　務
中国人の歴史観　劉　傑
アメリカ人の中国観　井尻秀憲
取るに足らぬ中国噺　白石和良
中国名言紀行　堀内正範
中国の隠者　井波律子
蔣介石　保阪正康
中国の軍事力　平松茂雄
「南京事件」の探究　北村　稔
中国はなぜ「反日」になったか　清水美和
中国共産党　葬られた歴史　譚　璐美
中華料理四千年　譚　璐美
道教の房中術　土屋英明
中国艶本大全　土屋英明
上海狂想曲(仮)　高崎隆治

＊

韓国人の歴史観　黒田勝弘
〝日本離れ〟できない韓国　黒田勝弘
日本外交官、韓国奮闘記　道上尚史
韓国併合への道　呉　善花
竹島は日韓どちらのものか　下條正男
在日韓国人の終焉　鄭　大均
在日・強制連行の神話　鄭　大均
韓国・北朝鮮の嘘を見破る　近現代史の争点30　鄭　大均　古田博司編著
歴史の嘘を見破る　日中近現代史の争点35　中嶋嶺雄編著
物語　韓国人　田中　明
「冬ソナ」にハマった私たち　林　香里
北朝鮮　拉致と核と餓死の国　萩原　遼
アメリカ・北朝鮮抗争史　島田洋一
東アジア「反日」トライアングル　古田博司
還ってきた台湾人日本兵　河崎眞澄
インドネシア繚乱　加納啓良

## ◆経済と企業

マネー敗戦　吉川元忠
情報エコノミー　吉川元忠
黒字亡国 対米黒字が日本経済を殺す　三國陽夫
ヘッジファンド　浜田和幸
金融再編　加野　忠
金融行政の敗因　西村吉正
金融工学、こんなに面白い　野口悠紀雄
投資信託を買う前に　伊藤雄一郎
年金術　伊藤雄一郎
知的財産会計　二村隆章　岸　宣仁
サムライカード、世界へ　湯谷昇羊
日本国債は危なくない　久保田博幸
「証券化」がよく分かる　井出保夫
デフレに克つ給料・人事　蒔田照幸
人生と投資のパズル　角田康夫
企業危機管理 実戦論　田中辰巳

企業再生とM&Aのすべて　藤原総一郎
執行役員　吉田春樹
自動車 合従連衡の世界　佐藤正明
企業合併　箭内　昇
日本企業モラルハザード史　有森　隆
本田宗一郎と「昭和の男」たち　片山　修
「強い会社」を作る ホンダ連邦共和国の秘密　赤井邦彦
西洋の着想 東洋の着想　今北純一
日米中三国史　星野芳郎
インド IT革命の驚異　榊原英資
ハリウッド・ビジネス　ミドリ・モール
中国経済 真の実力　森谷正規
「俺様国家」中国の大経済　山本一郎
中国ビジネスと情報のわな　渡辺浩平

＊

21世紀維新　大前研一
ネットバブル　有森　隆
インターネット取引は安全か　五味俊夫

IT革命の虚妄　森谷正規
石油神話　藤　和彦
文化の経済学　荒井一博
都市の魅力学　原田　泰
エコノミストは信用できるか　東谷　暁
プロパテント・ウォーズ　上山明博
成果主義を超える　江波戸哲夫
悪徳商法　大山真人
コンサルタントの時代　鴨志田　晃
高度経済成長は復活できる　増田悦佐
デフレはなぜ怖いのか　原田　泰

(2006. 8) C

文春新書好評既刊

古田博司
## 東アジア「反日」トライアングル
中国は近代の入口。韓国は近代のさなか。北朝鮮にいたっては中世だ。異時代国家群に囲まれ「過去からの攻撃」にさらされる日本のとる道は
467

山本一郎
## 「俺様国家」中国の大経済
中国の実体経済を誰も正確には知らない。日本人ばかりか、当の中国人、中国政府でさえも。ブログ界の切込隊長が「情報」を精査して読み解く
469

鴨下信一
## 誰も「戦後」を覚えていない
食糧難、銭湯、列車の殺人的混雑、間借り、闇市、預金封鎖、ラジオ文化など、日本の最も長かった〈誰もが忘れかけている〉あの五年間を、常識破りの視点からふり返る
468

関岡英之
## 拒否できない日本
――アメリカの日本改造が進んでいる
日本が様々な分野でアメリカに好都合な社会に変えられてきた、近年の不可解な日米関係のメカニズムを、米国の公文書に即して描く
376

清水美和《よしかず》
## 中国はなぜ「反日」になったか
日本に瀋陽領事館問題のしこりがあれば、中国には靖国問題、歴史問題の反日の狼煙。中国の対日姿勢を探ると意外な歴史が浮上する
319

文藝春秋刊